Pensamientos del corazón

Pensamientos del corazón

Un tesoro de sabiduría interior

Louise L. Hay

Recopilación y edición de
Linda Carwin Tomchin

Hay House, Inc.
Carlsbad, California • Sydney, Australia

Título original: *Heart Thoughts*
Editor original: Hay House, Inc., Carlsbad, California
(800) 654-5126
Traducción: Isabel Ugarte

©1990, 1995 by Louise L. Hay

©1991 *by* EDICIONES URANO S.A.
Enrique Granados, 113, Pral. 1.ª, 08008 Barcelona

ISBN: 1-56170-585-3

 PRINTED IN USA

4/00

Dedicado a tu corazón

Nuestro corazón es el centro de nuestro poder.
He aprendido que creamos fácilmente y sin esfuerzo
cuando dejamos que nuestros pensamientos
vengan del espacio de amor del corazón.
Recupera ahora tu poder.

Índice

Introducción

Este libro es una combinación de meditaciones, tratamientos espirituales y extractos de mis conferencias, centrados todos en nuestras experiencias cotidianas y recopilados con la intención de que sean una guía y una ayuda en determinadas situaciones que pueden resultarnos difíciles.

Cuando nos sentimos víctimas tendemos a aislarnos. Sentimos dolor y miedo, y andamos siempre en busca de alguien que nos salve, que lo haga por nosotros. Ahora tenemos la oportunidad de descubrir nuestra capacidad de responder a la vida no como víctimas, sino de maneras que nos den poder. Descubriremos que a medida que empecemos a conectarnos con lo que yo llamo el *Ser Interior* podemos contribuir a la mejora de nuestra calidad de vida. Saber que no tenemos que depender de nadie, sino que dentro de nosotros tenemos una capacidad tremenda de hacer cambios positivos en nuestra vida, es un sentimiento maravilloso, increíblemente liberador.

Hay personas a quienes puede asustarles esta nueva liberación, porque la ven como una *responsabilidad*. Sin embargo, esta palabra quiere decir, simplemente, que somos capaces de responder a la vida. Nos movemos hacia una nueva era y hacia un orden nuevo. Ya es hora de que renunciemos a nuestras viejas creencias y hábitos. A medida que vayamos aprendiendo y llevando a la práctica nuevas maneras de comportarnos, contribuiremos armoniosamente a establecer en el mundo un orden nuevo.

Sé paciente contigo. Desde el momento en que decidas hacer un cambio hasta que éste se manifieste, es probable que vaciles entre lo viejo y lo nuevo. No te enfades contigo por ello. Lo que deseas es construirte, no demolerte. Quizá quieras recurrir a este libro en los momentos en que te sientas «entre» lo viejo y lo nuevo. Quizá quieras usar cada día las meditaciones y los tratamientos, hasta que llegues a confiar en tu gran capacidad de cambiar.

Éste es el momento de despertar. Estás siempre a salvo. Quizás al principio no te lo parezca, pero ya aprenderás que la vida está siempre de tu lado. Es posible avanzar desde el orden antiguo hacia el nuevo, en paz y con seguridad.

Te amo.

LOUISE L. HAY

Pensamientos del corazón

Cuanto más pensamos

en aquello que no queremos,

mayor será la posibilidad

de que lo recibamos.

Soy una persona positiva

Sé que soy una con la totalidad de la vida. La Sabiduría Infinita me rodea y me impregna. Por eso confío totalmente en que el Universo me apoye en el sentido más positivo. Fui creada por la Vida, que me dio este planeta para satisfacer todas mis necesidades. Todo lo que pueda llegar a necesitar ya está aquí esperándome. En este planeta hay más alimentos de los que jamás podré comer, más dinero del que jamás podré gastar, más gente de la que jamás podré conocer, más amor del que nunca podré sentir, más júbilo del que puedo imaginarme siquiera. Este mundo tiene todo lo que necesito y deseo. Es todo mío, para usarlo y para tenerlo. La Mente Única e Infinita, la Inteligencia Única e Infinita me dice siempre que «sí». Yo no pierdo el tiempo en pensamientos ni hechos negativos. Escojo mis afirmaciones con cuidado. Opto por verme, y por ver a la Vida, de la manera más positiva. Por consiguiente, digo que sí a las oportunidades que se me presentan y a la prosperidad. Digo que sí a todo lo bueno. Soy una persona positiva que vive en un mundo que responde afirmativamente y forma parte de un universo positivo, y me alegro de que así sea. Estoy agradecida y siento júbilo por ser una con la Sabiduría Universal y por contar con el respaldo del Poder Universal. Te doy las gracias, Dios, por todo lo que tengo para disfrutar aquí y ahora.

Creamos situaciones y después

renunciamos a nuestro poder

culpando a otros de

nuestras frustraciones.

No hay persona, lugar ni cosa

que tenga ningún poder

sobre nosotros.

En nuestra mente, sólo pensamos

nosotros.

Me expreso positivamente

En general, si tenemos un accidente y resultamos heridos, eso quiere decir que en un nivel profundo nos sentimos culpables y tal vez necesitemos alguna clase de castigo. Podemos guardar muchísima hostilidad reprimida, y el sentimiento de que no tenemos el derecho de hacernos valer. Si somos nosotros quienes herimos a alguien, muchas veces se trata de la expresión de un enojo reprimido. Siempre sucede «algo más» en nuestro interior. Un accidente es algo más que un accidente. Cuando tengas alguno, mírate por dentro para ver cómo estás, y después bendice con amor a las demás personas involucradas y libérate por completo de la experiencia.

Adondequiera que vayas

y con quienquiera

que te encuentres, allí

hallarás a tu propio amor esperándote.

Sigo la senda de la acción correcta

En la Infinitud de la Vida, donde estoy, todo es perfecto, entero y completo. Sé que soy una con la Fuente y que sigo la senda de la acción correcta, y en todo momento actúo según este principio. Escojo mis pensamientos para que armonicen con todo aquello que es para mi supremo bien y mi máximo júbilo. Mi calidad de vida refleja este estado, en el que hoy quiero estar. Amo la vida y me amo. En cada momento, estoy a salvo. Todo está bien en mi mundo.

Mírate en el espejo

y di:

«Me amo y me acepto

exactamente

tal como soy».

¿Qué es lo que te viene a la mente?

Observa cómo te sientes.

Quizá sea esto el centro

de tu problema.

Acepto todas las partes de mí misma

Lo más importante del proceso de sanarnos o de integrarnos en un todo es aceptarnos totalmente a nosotros mismos, con todas nuestras múltiples partes. Aceptémonos cuando actuamos bien y cuando no lo hacemos tan bien, cuando nos asustamos y cuando demostramos nuestro amor, cuando nos comportamos tontamente y cuando nos mostramos brillantes e ingeniosos, cuando fracasamos y cuando ganamos. Todo esto son distintas facetas de nosotros mismos. La mayoría de nuestros problemas provienen de que rechazamos partes de nosotros mismos: no nos amamos total e incondicionalmente. Que la mirada que echamos sobre nuestro pasado no sea de vergüenza. Miremos al pasado viendo en él la riqueza y la plenitud de la Vida. Sin esta riqueza y esta plenitud no estaríamos hoy aquí. Cuando nos aceptamos totalmente nos convertimos en seres íntegros y sanos.

Si no te amas

total, entera y plenamente,

es porque en algún momento aprendiste

a no amarte.

Pero puedes desaprenderlo.

Empieza a ser amable

contigo ahora mismo.

Acepto todo lo que he creado para mí misma

Me amo y me acepto exactamente tal como soy. Me apoyo, confío en mí y me acepto allí donde esté. Puedo existir dentro del amor de mi propio corazón. Me pongo la mano sobre el corazón y siento el amor que hay en él. Sé que en él hay mucho lugar para aceptarme tal como soy aquí y ahora. Acepto mi cuerpo, mi peso, mi altura, mi aspecto, mi sexualidad y mis experiencias. Acepto todo lo que he creado para mí misma. Mi pasado y mi presente. Estoy dispuesta a dejar que mi futuro suceda. Soy una Expresión Divina y Magnífica de la Vida, y me merezco lo mejor de lo mejor. Y lo acepto para mí, ahora. Acepto los milagros. Acepto sanar. Acepto que estoy a salvo. Y sobre todo, me acepto a mí misma. Soy un ser único y valioso, y me aprecio como tal. Y así es.

Si esperamos a ser perfectos

para amarnos a nosotros mismos,

perderemos la vida entera.

Ya somos perfectos,

aquí y ahora.

Soy perfecta tal como soy

No soy demasiado ni demasiado poco. No tengo que demostrar quién soy a nadie ni a nada. He llegado a saber que soy la perfecta expresión de la Unidad de la Vida. En la Infinitud de la Vida he tenido muchas identidades, cada una de ellas una expresión perfecta para aquella vida en particular. Estoy contenta de ser quien soy y lo que soy esta vez. No deseo ser como nadie más, porque no es esa la expresión que he elegido para esta vida. La próxima vez seré diferente. Soy perfecta tal como soy aquí y ahora. Soy suficiente. Soy una con la totalidad de la Vida. No tengo que luchar para ser mejor. Todo lo que necesito es amarme hoy más que ayer y tratarme a mí misma como a un ser profundamente amado. Al ser querida por mí misma, floreceré con un júbilo y una belleza que apenas si puedo empezar a vislumbrar. El amor es el alimento que necesitamos los seres humanos para realizar nuestra grandeza. Al aprender a amarme más a mí misma, aprendo a amar más a todo el mundo. Juntos alimentamos amorosamente un mundo cada vez más hermoso. Todos sanamos, y el planeta sana también. Con júbilo reconozco mi perfección y la perfección de la Vida. Y así es.

Cuando haces afirmaciones

abandonas

el papel de víctima.

Ya no te sientes impotente,

y reconoces

tu propio poder.

Doy el paso
que me llevará a sanar

Una afirmación es un punto inicial, algo que abre el camino. Por medio de ella dices a tu subconsciente: «Asumo la responsabilidad. Me doy cuenta de que puedo hacer algo para cambiar». Si repites a menudo la afirmación, o bien estarás listo para dejar que lo que sea suceda, y la afirmación se volverá verdad, o se abrirá ante ti un camino nuevo. Quizá tengas una idea brillante, o un amigo te llame para decirte: «¿No has intentado nunca hacer esto?», y te verás guiado a dar el paso que te llevará a sanar.

Las afirmaciones proporcionan a tu

subconsciente

algo sobre lo cual

trabajar en el momento.

Estoy abierta y receptiva

Cuando hacemos afirmaciones creamos lo bueno en nuestra vida, pero si alguna parte de nosotros mismos no cree que seamos dignos de ello, nuestras afirmaciones no se harán realidad. Entonces seguramente diremos: «Las afirmaciones no funcionan», pero eso no es cierto. Si no conseguimos lo que queremos es porque no creemos que nos lo merecemos.

Debemos tomar conciencia

de qué es lo que creemos.

Las respuestas que hay dentro de mí me llegan fácilmente a la conciencia

Si haces tus afirmaciones delante de un espejo, ten siempre a mano papel y lápiz, de modo que puedas tomar nota de los mensajes negativos que te vengan a la mente mientras las dices. No es que tengas que trabajar en ese mismo momento con ello. Puedes sentarte más tarde a revisar tu lista de respuestas negativas, si las tienes, y empezar a entender por qué no consigues lo que dices querer. Si no tomas conciencia de tus mensajes negativos, es muy difícil que los modifiques.

Viajamos

interminablemente

a través de la eternidad.

Tenemos una vida tras otra.

Lo que no

resolvamos en una vida,

lo resolveremos en

alguna otra.

La muerte no existe

Nuestro espíritu nunca puede sernos arrebatado, porque es nuestra parte eterna. Ningún razonamiento puede arrebatárnoslo. Ningún mal-estar puede arrebatárnoslo. No existe muerte que nos lo pueda arrebatar, porque el espíritu es eterno. Es la parte de nosotros que permanece para siempre. Todas las personas que han abandonado el planeta están todavía aquí en pura esencia y puro espíritu. Siempre han estado y siempre estarán. Es verdad que no volveremos a encontrarnos con su cuerpo físico, pero cuando abandonemos el nuestro, nuestros espíritus se conectarán. No hay pérdida. No hay muerte. No hay otra cosa que un reciclar de energías... un cambio de forma. Cuando nos conectamos con nuestro espíritu, vamos más allá de todas las mezquindades. ¡Nuestro entendimiento es tan grande! Nuestro espíritu —nuestra alma, la esencia misma de nuestro ser— está siempre a salvo, siempre fuera de peligro y siempre vivo. Y así es.

Una tragedia

puede llegar a ser

el mayor de nuestros bienes

si nos la tomamos

de una manera

que nos permita crecer.

Dejo resplandecer la luz de mi amor

Cuando algo nos hace sufrir, cuando tenemos miedo o estamos afligidos, y vemos una luz en la oscuridad, no nos sentimos tan solos. Pensemos en esa luz como en el resplandor del amor de alguien, que nos da calor y nos consuela. Cada persona lleva dentro de sí la luz de su amor. Podemos dejar resplandecer nuestra luz, para que así nos consuele y sea también un consuelo para los demás. Todos conocemos a alguien que ya no está en este mundo. Veamos ahora cómo resplandece su luz y dejemos que su luz y su amor nos rodeen y nos consuelen. Cada uno de nosotros tiene una infinita provisión de amor para dar. Cuanto más damos, más tenemos para dar. Sí, a veces sentir hace daño, pero gracias a Dios que podemos sentir. Dejemos que el amor irradie de nuestros corazones; ello nos consolará y nos dará paz. Y así es.

La felicidad es

sentirse bien

consigo mismo.

Puedo hacer lo que quiera

¡Ahora ya soy adulta! Puedo hacer lo que me apetezca. Cada vez que hago algo que quiero hacer, me suceden cosas maravillosas. Decirle que «no» a alguien puede nutrirme espiritualmente, y así encuentro más alegría en mi mundo. Me está permitido sentir alegría. Cuanta más alegría siento, más me aman los demás. Me amo y me apruebo. Me siento bien conmigo misma, y todo está bien en mi mundo lleno de alegría.

Uno de los beneficios

que obtienes

cuando te amas

es que te sientes bien.

Mi amor no conoce límites

Tenemos tanto amor en este mundo, y tenemos tanto amor en nuestro corazón... y a veces lo olvidamos, pensamos que no hay bastante, o apenas un poquito. Entonces, atesoramos lo que tenemos y nos da miedo dilapidarlo. Nos da miedo dejarlo salir. Pero aquellos de nosotros que estamos dispuestos a aprender, nos damos cuenta de que cuanto más amor dejamos salir de nuestro interior, más amor tenemos y más amor recibimos. El amor es interminable e intemporal, es realmente la fuerza curativa más poderosa que hay. Sin amor no podríamos sobrevivir, simplemente. Si a los bebés no se les da amor y afecto, se apagan y mueren. La mayoría de nosotros pensamos que podemos sobrevivir sin amor, pero eso no es cierto. El amor por nosotros mismos es el poder que nos sana. Ámate tanto como puedas.

Por lo menos

tres veces al día,

abre de par en par los brazos y di:

«Estoy dispuesto a dejar

que penetre en mí el amor.

Estoy a salvo si dejo

que el amor

entre en mi interior».

Merezco amor

No tienes que ganarte el amor, como no tienes que ganarte el derecho a respirar. Tienes derecho a respirar porque existes. Tienes derecho al amor porque existes. Eso es todo lo que necesitas saber. Mereces tu propio amor. No permitas que tus padres, las opiniones negativas de la sociedad o los prejuicios de la gente te hagan pensar que no te lo mereces. La realidad de tu ser es que mereces amor. Acéptalo y sábelo. Cuando realmente lo hayas logrado, encontrarás que la gente te trata como a una persona que merece amor.

Te encuentras en el proceso

de convertirte en tu mejor amigo,

en la persona

con quien más te alegra

estar.

En este mismo momento
me amo y me acepto

Sois muchos los que no podéis amaros si no perdéis peso o no conseguís un trabajo nuevo, o un amante o lo que fuere. Así vais postergando siempre amaros a vosotros mismos. Pero, ¿qué sucede cuando conseguís el trabajo nuevo, cambiáis de amante o adelgazáis y aún no conseguís amaros? Pues, que hacéis otra lista e iniciáis un nuevo período de demora. El único momento en que podéis empezar a amaros tal como sois es este mismo, aquí y ahora. El amor incondicional es amor sin expectativas. Es aceptar lo que es.

Ve en busca del júbilo.

Que este año

sea éste tu lema:

«¡Voy en busca del júbilo!

¡La vida está aquí

para que hoy la disfrute!»

Este año hago el trabajo mental que me llevará al cambio

Muchos de vosotros os hacéis buenos propósitos el primer día del año, pero como no lleváis a cabo cambios internos, vuestros propósitos pierden fuerza rápidamente. Mientras no estéis dispuestos a hacer algún trabajo mental para cambiar interiormente, nada va a cambiar afuera. Lo único que necesitáis cambiar es una idea... nada más que una idea. Incluso el odio hacia vosotros mismos no es más que odio por una idea que tenéis de vosotros mismos. ¿Qué podéis hacer por vosotros este año, que sea positivo? ¿Qué os gustaría hacer este año por vosotros que no hayáis hecho el año pasado? ¿De qué os gustaría liberaros este año, que el año pasado salvaguardasteis tan celosamente? ¿Qué quisierais cambiar en vuestra vida? ¿Estáis dispuestos a hacer el trabajo que producirá esos cambios?

Con frecuencia

el crecimiento espiritual

nos llega de maneras

que no nos esperábamos.

Abro nuevas puertas a la Vida

Estás de pie en el corredor de la Vida, y detrás de ti se han cerrado ya muchísimas puertas, cosas que ya no haces, ni dices, ni piensas; experiencias que ya no tienes. Delante de ti hay muchas puertas más, y cada una se abre a una experiencia nueva. Aléjate del pasado. A medida que avanzas, mira cómo vas abriendo diversas puertas que dan a experiencias maravillosas que te gustaría tener. Confía en tu guía interior, que te conduce de las maneras que son mejores para ti, y piensa que tu crecimiento espiritual continúa sin detenerse ni un momento. No importa qué puerta abras ni qué puerta cierres; siempre estás a salvo. Eres eterno. Seguirás eternamente pasando de una experiencia a otra. Mira cómo abres las puertas que dan al júbilo, a la paz, a la curación, a la prosperidad y al amor, al entendimiento, la compasión y el perdón, a la libertad, al reconocimiento de tu propio valor, a la autoestima y al amor hacia ti mismo. Todo eso está ahí, ante ti. ¿Qué puerta quieres abrir primero? Recuerda que estás a salvo; no es más que cambio.

Tienes miedo

cuando no confías

en que el proceso de la vida

te respalde.

La próxima vez que

te asustes, di:

«Confío en que el proceso

de la vida

cuide de mí».

Todas mis experiencias están bien para mí

Desde el momento en que nacimos hasta hoy, no hemos dejado de abrir puertas, de traspasar umbrales. Nuestro nacimiento fue un gran portal, un gran cambio. Llegamos a este planeta con el fin de experimentar la vida en este preciso momento. Escogimos a nuestros padres, y desde entonces hemos atravesado muchos umbrales. Vinimos interiormente equipados con todo lo que necesitamos para vivir esta vida en plenitud y riqueza. Tenemos toda la sabiduría. Tenemos todo el conocimiento. Tenemos todas las capacidades y todos los talentos, todo el amor y todas las emociones que necesitamos. La vida está aquí para apoyarnos y cuidar de nosotros, y es necesario que lo sepamos y que confiemos en ello. Constantemente hay puertas que se cierran y otras que se abren, y si nos mantenemos centrados en nosotros mismos estaremos siempre a salvo, sea cual fuere el umbral que atravesemos. Ni siquiera cuando traspasemos el último umbral que hay en este planeta será eso el fin, sólo será el comienzo de una nueva aventura. Sepamos, pues, que estamos siempre a salvo. Está bien experimentar cambios. Hoy es un día nuevo. Tendremos muchas experiencias maravillosas y diferentes. Somos amados, y estamos a salvo. Y así es.

No puedes

aprender las lecciones de los demás

en su nombre.

Todos deben

hacer por sí mismos el trabajo,

y así lo harán

cuando estén preparados.

Cada día aprendo algo nuevo

Sería maravilloso que, en vez de tener que memorizar las fechas de todas esas batallas, a los niños se les enseñara a pensar, a amarse a sí mismos, a establecer buenas relaciones, a ser buenos padres, a manejar el dinero y a mantenerse sanos. A la mayoría no nos han enseñado qué hacer en esos diferentes aspectos de la vida. Si lo supiéramos, nos comportaríamos de otra manera.

Todo lo que hay en vuestra vida,

cada experiencia

y cada relación,

es un reflejo

de la pauta mental

que está en funcionamiento

dentro de vosotros.

Soy un ser armonioso

Soy un centro en la Mente Divina, perfecto, entero y completo. Todos mis asuntos están Divinamente guiados hacia la acción correcta, que produce resultados perfectos. Todo lo que hago, digo o pienso está en armonía con la verdad. En todos los ámbitos de mi vida la acción correcta es perfecta y continua. Para mí, cambiar no implica ningún peligro. Me desprendo de todas las ideas o vibraciones de confusión, caos, des-armonía, des-consideración y des-confianza. Estas ideas quedan completamente eliminadas de mi conciencia. Estoy armoniosamente vinculada con todos aquellos con quienes me hallo en contacto. A la gente le encanta trabajar conmigo, estar conmigo. Expreso mis pensamientos, sentimientos e ideas de manera que los demás los comprendan y los acojan fácilmente y bien. Soy una persona que ama y siente alegría, y todo el mundo me quiere. Estoy a salvo. Soy acogida con júbilo adondequiera que voy. Todo está bien en mi mundo, y la vida es cada vez mejor.

Indaga en tu corazón

en busca

de las injusticias

que aún sigues recordando,

perdónalas

y deja que se vayan.

Me centro en la verdad y la paz

En cualquier lugar donde yo esté no hay más que espíritu, Dios, bien, sabiduría, armonía y amor Infinitos. No puede ser de otra manera. No hay dualidad. Por consiguiente, aquí y ahora mismo, en mi lugar de trabajo, declaro y afirmo que no hay nada más que armonía, sabiduría y amor Infinitos. No hay problemas que no tengan solución. No hay preguntas sin respuesta. Ahora escojo ir más allá del problema, para buscar la correcta acción Divina que nos guíe hacia la solución de cualquier discordia que se interponga en la atmósfera auténticamente armoniosa de esta empresa. A partir de esta discordia y esta confusión aparentes, estamos dispuestos a aprender y a crecer. Nos liberamos de toda culpa y toda recriminación y nos volvemos hacia adentro en busca de la verdad. Estamos dispuestos a liberarnos de cualquier pauta mental que haya contribuido a crear discordia. Decidimos saber la verdad, y la verdad nos hace libres. La sabiduría, la armonía y el amor Divinos reinan supremos dentro de mí y a mi alrededor, y dentro y alrededor de todas las personas que trabajan en este lugar. Nuestra empresa pertenece a Dios, y es Él quien ahora dirige y guía nuestros movimientos. Para mí misma, y para todos los que participamos en esta empresa, proclamo la paz, la seguridad, la armonía, un profundo sentimiento de amor por nosotros mismos y la jubilosa disposición a amar a los demás. Nos concentramos en la verdad y vivimos en el júbilo.

Para cambiar tu vida por fuera

debes cambiar tú por dentro.

En el momento

en que te dispones a cambiar,

es asombroso cómo

el Universo comienza

a ayudarte,

y te trae

lo que necesitas.

Todos mis cambios son fáciles de hacer

Cuando empezamos a trabajar en nosotros mismos, a veces las cosas empeoran antes de mejorar. Está bien que así suceda, porque es el comienzo del proceso. Así deshacemos los viejos nudos. Déjate llevar por ello. Hace falta tiempo y esfuerzo para aprender lo que necesitamos aprender. No exijas un cambio instantáneo. La impaciencia no es más que resistencia al aprendizaje. Significa que quieres llegar al objetivo sin pasar por el proceso. Permítete recorrerlo paso a paso. A medida que avances se te hará más fácil.

Di:

«Estoy dispuesto a cambiar».

¿Vacilas?

¿Sientes que no es verdad?

¿Cuál es la creencia

que se interpone en tu camino?

Recuerda que no es más que una idea,

y las ideas se pueden cambiar.

Cuando una puerta se cierra, otra se abre

La vida es una serie de puertas que se abren y se cierran. Vamos de una habitación a otra y tenemos experiencias diferentes. A muchos nos gustaría cerrar algunas puertas que dan a viejas pautas negativas, a antiguos bloqueos, a cosas que ya no nos nutren ni nos sirven. Muchos estamos inmersos en el proceso de abrir puertas nuevas y de encontrar nuevas y maravillosas experiencias, a veces de aprendizaje y a veces de júbilo. Todo forma parte de la vida, y necesitamos saber que realmente estamos a salvo. No es más que cambio. Desde la primerísima puerta que abrimos al llegar a este planeta hasta la última de todas, que abrimos para abandonarlo, siempre estamos a salvo. No es más que cambio. Estamos en paz con nuestro propio ser interior. Vemos que estamos a salvo, seguros, y que somos amados. Y así es.

Una suave

y firme insistencia

y coherencia

en lo que decidas pensar

harán que los cambios se manifiesten

con rapidez y facilidad.

Estoy dispuesto a cambiar

Cruza ambas manos entrelazando los dedos. ¿Qué pulgar te queda arriba? Ahora descrúzalas y vuelve a cruzarlas de modo que el otro pulgar quede arriba. ¿Qué sensación tienes? ¿Diferente? Quizá sientas que algo está mal. Vuelve a descruzar las manos y a cruzarlas de la otra manera, después de la segunda, y una vez más de la primera. ¿Cómo lo sientes ahora? ¿No tan *mal*? Lo mismo pasa cuando aprendes cualquier pauta nueva. Necesitas un poco de práctica. Puedes hacer algo nuevo y decir: «No, esto me va mal»; entonces no vuelves a hacerlo nunca más y continúas con tu antiguo comportamiento, que te resulta familiar. Si estás dispuesto a practicar un poco, te encontrarás con que puedes volver a hacer eso nuevo. Cuando lo que tienes en juego es algo tan importante como *amarte*, bien vale la pena practicar un poco.

Cuando estamos dispuestos

a hacer cambios positivos

en nuestra vida,

atraemos todo lo que

necesitamos

para que nos ayude.

Estoy dispuesta a cambiar y a crecer

Estoy dispuesta a aprender cosas nuevas porque no lo sé todo. Estoy dispuesta a dejar atrás los conceptos viejos que ya no funcionan para mí. Estoy dispuesta a ver las situaciones que creo a mi alrededor y a decir: «Ya no quiero seguir haciendo eso». Sé que puedo llegar a ser más yo misma. No una persona mejor, porque eso implica que no soy suficientemente buena, sino más quien soy. Crecer y cambiar es emocionante, aunque para conseguirlo tenga que enfrentarme a algunas cosas dolorosas que hay dentro de mí.

Lo más importante en este momento

es lo que ahora mismo

estás decidiendo

pensar, creer y decir.

Estas ideas y estas palabras

crearán tu futuro.

Tus pensamientos forman

las experiencias de mañana,

de la semana próxima,

del próximo mes

y del año que viene.

No es más que una idea, y las ideas se pueden cambiar

¿Cuántas veces te has negado a pensar algo positivo sobre ti? Pues de la misma manera puedes negarte a pensar cosas negativas sobre ti. La gente dice que *uno no puede dejar de pensar lo que piensa*. Pues, sí que puede. Tienes que decidir que eso es lo que vas a hacer. No es necesario que te pelees con tus pensamientos para cambiar las cosas. Cuando oigas dentro de ti esa voz negativa, puedes decirle: «Gracias por la información». De este modo no estás cediendo tu poder al pensamiento negativo, pero tampoco estás negando su existencia. Le estás diciendo: «Sí, ya sé que estás ahí y te agradezco que me lo digas, pero prefiero hacer otra cosa. No quiero seguir insistiendo en eso, quiero crearme otra manera de pensar». No luches contra tus pensamientos. Reconócelos, y déjalos atrás.

Cada vez que meditas,

cada vez que haces

una visualización para sanar,

cada vez que dices algo

en bien de la totalidad del planeta,

te estás conectando con personas

que hacen lo mismo,

con personas de tu misma

mentalidad,

en toda la extensión del planeta.

Ayudo a crear un mundo donde estemos a salvo al amarnos los unos a los otros

Uno de mis sueños es ayudar a la creación de un mundo en el que estemos a salvo al amarnos los unos a los otros, donde podamos ser amados y aceptados exactamente tal como somos. Es algo que todos queríamos cuando éramos niños, que nos amaran y nos aceptaran exactamente tal como éramos. No cuando llegábamos a ser más altos o más inteligentes, o más bonitas, o a parecernos más a nuestro primo, a nuestra hermana o al vecino de enfrente. Lo que queríamos era que nos amaran y nos aceptaran exactamente tal como éramos. Crecimos y seguimos queriendo lo mismo: que nos amen y nos acepten exactamente tal como somos, aquí mismo y ahora mismo. Pero no vamos a conseguir que nadie lo haga si nosotros no somos capaces de hacerlo primero. Cuando nos amamos a nosotros mismos se nos hace más fácil amar a los demás. Cuando nos amamos a nosotros mismos, no nos hacemos daño ni se lo hacemos a otras personas. Nos liberamos de todos nuestros prejuicios, de la creencia de que un grupo u otro no es como debiera ser, de que no sirve. Cuando nos demos cuenta de lo increíblemente bellos que somos todos, obtendremos la paz mundial: un mundo donde todos estemos a salvo al amarnos los unos a los otros.

En la Era de Acuario

estamos aprendiendo

a buscar a nuestro salvador

dentro de nosotros.

Somos nosotros el poder

que estamos buscando.

Cada uno de nosotros

está

totalmente vinculado

con el Universo

y con la Vida.

Este mundo es nuestro cielo sobre la tierra

Veo una comunidad de almas de mentalidad espiritual que se reúnen para compartir, crecer e irradiar sus energías hacia el mundo. Cada una de esas personas es libre de dedicarse a su propia actividad, y se reunen para llevar a cabo su propósito individual del mejor modo. Nos veo a todos guiados para formar el nuevo cielo sobre la tierra, en unión de otras personas que comparten nuestro deseo de demostrarnos a nosotros mismos y demostrar a los demás que eso puede ser ya, ahora. Vivimos juntos armoniosamente, en paz y amor, expresando a Dios en nuestra vida y en nuestra manera de vivirla. Establecemos un mundo donde el cultivo de la tierra espiritual es la actividad más importante, donde el trabajo del individuo es ése. En cualquier dominio que escojamos hay tiempo y oportunidades de sobra para la expresión creativa. No hay esfuerzo ni preocupación para ganar dinero. Todo lo que necesitamos, somos capaces de expresarlo por mediación de los poderes interiores. La educación es el proceso de recordar lo que ya sabemos y de llevarlo a la luz de la conciencia. No hay enfermedad, ni pobreza, ni crimen, ni engaño. El mundo del futuro se inicia ahora, aquí mismo, con todos nosotros. Y así es.

Si no confías

en los demás, es porque

no vives para ti,

no te apoyas,

no te respaldas.

Cuando realmente empieces

a vivir para ti, entonces confiarás

en ti mismo, y

cuando confíes en ti

confiarás en los demás.

Estoy conectado con el Poder Superior

Ahora es el momento de que aprendas a conocer tu propio poder, de que sepas lo que eres capaz de hacer. ¿De qué puedes desprenderte? ¿Qué puedes alimentar dentro de ti? ¿Qué cosas nuevas puedes crear? La sabiduría y la inteligencia del Universo son tuyas para que las uses. La Vida está aquí para apoyarte. Si algo te asusta, piensa en tu respiración y toma conciencia del aliento que va entrando y saliendo de tu cuerpo. En tu vida, el aliento es la sustancia más preciosa, y ahí lo tienes, gratuitamente. Dispones del suficiente para que te dure mientras vivas. Y si esta preciosísima sustancia te ha sido dada con tal generosidad que la aceptas sin pensarlo siquiera, ¿no puedes confiar en que la vida te abastezca de todas las demás cosas que necesitas?

Siente

cómo tu corazón se abre.

Has de saber que dentro de él

hay lugar para ti.

Me trato siempre
con un amor incondicional

Si tu niñez estuvo llena de miedos y conflictos, y ahora te maltratas mentalmente, es que continúas tratando a tu niño interior de manera muy semejante a como te trataron cuando eras pequeño, y dentro de ti no le das a ese niño ningún lugar adonde ir. Ámate ahora lo suficiente como para trascender las limitaciones de tus padres. Ellos no conocían otra manera de enseñarte. Ya llevas demasiado tiempo siendo un «niño bueno», haciendo exactamente lo que mamá y papá te enseñaron. Ya es hora de que crezcas y tomes decisiones adultas, que te apoyen y te nutran.

La vida es muy sencilla.

Cada uno de nosotros crea sus experiencias

con la manera que tiene

de pensar y sentir.

Lo que creemos de nosotros mismos

y de la vida

se convierte en nuestra verdad.

Para mí misma cultivo
creencias nuevas y maravillosas

He aquí algunas de las creencias que me he ido creando con el tiempo y que realmente funcionan para mí:

Estoy siempre a salvo.

Todo lo que necesito saber se me revela.

Todo lo que necesito me llega

en el momento, el lugar y el orden adecuados.

La vida es júbilo y está llena de amor.

Allí donde voy prospero.

Estoy dispuesta a cambiar y a crecer.

Todo está bien en mi mundo.

Cada vez que emites

un juicio o una crítica,

estás enviando algo

que terminará por volver

a ti.

Me encanta ser yo

¿Puedes imaginarte lo maravilloso que sería vivir tu vida sabiendo que jamás nadie te criticará? ¿No sería una maravilla sentirse totalmente en paz, totalmente a gusto? Te levantarías por la mañana y sabrías que ibas a tener un día portentoso, porque todo el mundo te amaría y nadie te criticaría ni te mostraría desdén. Te sentirías estupendamente. Y, ¿sabes una cosa? Eso, tú puedes dártelo. Puedes tener la vivencia de compartir contigo la más asombrosa de las experiencias imaginables. Puedes despertarte por la mañana feliz de encontrarte contigo y de pasar un día más en tu compañía.

Con frecuencia

la gente criticona atrae sobre sí

muchas críticas, porque

su propia pauta de conducta es criticar.

A menudo, son personas

que en todo momento necesitan

ser perfectas.

¿Conoces tú en este planeta

a alguien

que sea perfecto?

Me amo y me acepto exactamente tal como soy

Todos tenemos aspectos que nos parecen inaceptables e indignos de amor. Si estamos realmente enfadados con alguna parte de nosotros mismos, es frecuente que nos maltratemos. Entonces recurrimos al alcohol o a las drogas, fumamos, comemos en exceso o lo que sea. Nos castigamos. Una de las peores maneras de maltratarnos que tenemos es la autocrítica. Es necesario que dejemos de criticarnos. Cuando lo conseguimos, nos asombra con qué facilidad automáticamente hemos dejado de criticar a los demás, porque todo el mundo es un reflejo de nosotros mismos, y lo que vemos en otras personas es lo que vemos en nuestro interior. Cuando nos quejamos de otra persona, en realidad nos estamos quejando de nosotros mismos. Cuando realmente somos capaces de amarnos y de aceptarnos tal como somos, no hay nada de qué quejarse. No podemos herirnos a nosotros mismos ni podemos herir a los demás. Ahora, prometamos no volver a criticarnos jamás por nada.

Sanar significa volvernos íntegros,

aceptar todas las partes

de nosotros mismos,

no sólo aquellas que nos gustan,

sino todas.

Puedo sanarme
en todos los niveles

Este es un momento de compasión y de curación. Adéntrate en tu interior y conéctate con aquella parte de ti que sabe cómo sanar. Es posible. Te encuentras en proceso de curación. Descubre tu capacidad para sanar, una capacidad fuerte y poderosa. Eres increíblemente capaz. Entonces, dispónte a llegar a un nuevo nivel para encontrar capacidades y posibilidades de las que no tenías conciencia, y no para curar un mal-estar, sino verdaderamente para sanarte en todos los niveles posibles. Tú eres espíritu, y por ser espíritu, eres libre de salvarte... y de salvar al mundo. Y así es.

El mal-estar

se alimenta de intolerancia.

La tolerancia no tiene nada que ver

con excusar el mal comportamiento.

La persona

a quien más te cuesta perdonar

suele ser aquella

de quien más necesitas liberarte.

Perdonar

y liberarse del resentimiento

incluso ayuda a disolver el cáncer.

Soy un imán para los milagros

Hoy viene hacia mí un bien inesperado y desconocido. Yo soy mucho más que reglas y reglamentos, restricción y limitaciones. Cambio de conciencia y se producen milagros. Dentro de cada clase de medicina hay un número creciente de practicantes iluminados que siguen un sendero espiritual. Ahora yo, dondequiera que esté, atraigo a esas personas hacia mí. Mi atmósfera mental de amor y aceptación es un imán para pequeños milagros en cada momento del día. Allí donde estoy hay una atmósfera de curación que bendice y da paz a todo el mundo. Y así es.

Si no hacemos

cambios internos,

el mal-estar vuelve,

o nos creamos otro.

Dejo que la totalidad de mi ser vibre con la luz

Mírate en lo más hondo, en el centro de tu corazón, y encuentra ese punto diminuto de brillante luz coloreada. Es un color tan hermoso... Es el centro mismo de tu amor y de tu energía sanadora. Permanece atento para ver cómo tu punto diminuto comienza a palpitar y a crecer hasta llenarte el corazón. Déjalo que se mueva a través del cuerpo, desde lo alto de la cabeza hasta la punta de los pies, y por los brazos hasta la yema de los dedos. Estás absolutamente resplandeciente con esa bella luz coloreada, que es tu amor y tu energía sanadora. Deja que tu cuerpo vibre con esa luz. Incluso puedes decirte: «Con cada inspiración que hago voy sanando». Siente cómo la luz te limpia el cuerpo de mal-estar. Deja que la luz irradie desde ti y llene tu habitación, el mundo entero y tu especial lugar en el mundo. Mira cómo todo se integra. Tú eres importante. Cuentas. Lo que tú haces con amor en el corazón, importa. Tú importas. Y así es.

Cada enfermedad

lleva consigo una enseñanza

que hemos

de aprender.

Mis manos son poderosos instrumentos de sanación

La imposición de manos es algo normal y natural. Es un procedimiento muy antiguo. Tú sabes que cuando sientes un dolor, lo primero que haces es apoyar la mano sobre el lugar dolorido para sentirte mejor. Entonces, permítete darte energía. Haz una inspiración profunda y libera la tensión, el miedo, la cólera o el dolor, y deja que el amor fluya de tu corazón. Deja el corazón abierto para poder recibir el amor que está entrando en tu cuerpo. Tu cuerpo sabe exactamente qué hacer con esa energía sanadora y cómo usarla. Mira la luz del amor, cómo emana de tu corazón... una luz hermosa, hermosísima. Deja que ese amor te brote del corazón, que fluya por tus brazos y te inunde las manos. Esa luz impregna todo tu ser de compasión, comprensión y solicitud. Mira cómo estás sano y entero. Tus manos son poderosas. Te mereces el amor. Te mereces estar en paz. Te mereces sentirte a salvo. Te mereces que te cuiden. Permítete recibir. Y así es.

Necesitamos hacer

algo más que limitarnos

a tratar el síntoma. Necesitamos

eliminar la causa del

mal-estar. Necesitamos penetrar

en el interior de nosotros mismos, allí

donde el proceso de la enfermedad

se inició.

Cada mano que me toca
es una mano que me sana

Soy un ser valioso y amado por el Universo. A medida que incremento el amor que siento por mí misma, el Universo lo refleja y lo aumenta cada vez con mayor abundancia. Sé que el Poder Universal está en todas partes, en cada persona, lugar y cosa. Este poder de amor y de sanación fluye por mediación de la profesión médica y está en cada mano que toca mi cuerpo. En mi senda de curación, no atraigo más que a personas sumamente evolucionadas. Mi presencia ayuda a hacer aflorar sus cualidades espirituales y sanadoras. Los médicos y las enfermeras se quedan asombrados al comprobar su capacidad para formar conmigo un equipo de curación.

Decídete a creer

que es fácil

cambiar un pensamiento

o una pauta.

Siempre tengo opción

Casi todos tenemos ideas absurdas de quiénes somos, y muchas reglas rígidas sobre cómo se «debe» vivir. Borremos para siempre de nuestro vocabulario el verbo «deber». Es una palabra que nos hace prisioneros. Cada vez que la utilizamos nos criticamos a nosotros mismos o criticamos a otra persona, decimos que alguien «no es suficientemente capaz», que «no sirve». Piensa qué podrías borrar de tu lista de cosas que «debes» hacer. Reemplaza la palabra «debo» por la palabra «puedo». *Puedo* te da a entender que tienes opción, y la opción es libertad. Es necesario que nos demos cuenta de que todo lo que hacemos en la vida, lo hacemos por opción. En realidad, no hay nada que «debamos» hacer. Siempre tenemos opción.

Algunas personas no saben

decir que no.

El único modo

que tienen de hacerlo

es ponerse enfermas.

Acepto lo que es mejor para mí

Si te arrojara una patata caliente, ¿qué harías? ¿La atraparías? ¿La sostendrías aunque te estuviera quemando la mano? ¿Por qué habrías de atraparla siquiera? ¿Por qué no te haces a un lado, simplemente? Es posible rehusar cualquier cosa, incluso un regalo. ¿Te has dado cuenta de eso?

Encuentra una imagen de algo

que realmente ames:

flores, un arco iris,

una canción o un deporte

que te entusiasme.

Y utilízala

cada vez que empieces

a asustarte.

Estoy en armonía con la naturaleza

Esto sé y afirmo para mí misma. Me amo y me apruebo. Todo está bien en mi mundo. Inhalo el valioso y sin embargo abundante hálito de la vida y permito que mi cuerpo, mi mente y mis emociones se relajen. No hay necesidad de que me asuste. Estoy en armonía con la totalidad de la Vida: el sol, la luna, los vientos, la lluvia, la tierra y su movimiento. El poder que reestructura la tierra es mi amigo. Estoy en paz con los elementos. La Naturaleza es mi amiga. Soy flexible y fluyo. Estoy a salvo y segura. Sé que no puede sucederme nada malo. Duermo, me despierto y me muevo en completa seguridad. No sólo yo estoy a salvo: también lo están mis amigos, mi familia, todos mis seres amados. Confío en que el poder que me creó me proteja en todo momento y en todas las circunstancias. Todos creamos nuestra propia realidad, y yo me creo una realidad de unión y seguridad. Siempre estoy en un lugar seguro. Estoy a salvo, no es más que cambio. Me amo y me apruebo, confío en mí. Todo está bien en mi mundo.

Suceda lo que suceda

ahí fuera,

no es otra cosa que un reflejo

de nuestro propio

pensamiento.

Confío en la Inteligencia que hay dentro de mí

Hay Una Inteligencia que está igualmente presente en todas partes, también dentro de ti y en todo lo que andas buscando. Cuando te pierdas o cuando pierdas algo, no pienses: «Estoy en el lugar equivocado» o «No encontraré el camino». Termina con eso. Has de saber que la Inteligencia que hay dentro de ti y en lo que estás buscando se ocupará de uniros. Nada se pierde jamás en la Mente Divina. Confía en esa Inteligencia que hay dentro de ti.

Empieza a escuchar lo que dices,

y no digas nada

que no quieras ver convertido en tu verdad.

Todo lo que hago lo he elegido

Suprime de tu vocabulario y de tu pensamiento la palabra «debería», porque al hacerlo te liberarás de muchísimas presiones autoimpuestas. Al decir: «Debería levantarme, debería hacer esto, debería...», vas acumulando unas presiones tremendas. Empieza, en cambio, a afirmar que ahora *vas* a hacer esto o lo otro. Es una visión de la vida completamente diferente. Todo lo que haces es una decisión tuya. Tal vez no te lo parezca, pero es así.

Cada uno de nosotros

está haciendo

lo mejor que puede hacer

en este momento.

Si supiéramos más

y tuviéramos

más entendimiento y más conciencia,

entonces

haríamos las cosas de otra manera.

Me siento a gusto conmigo mismo

Elógiate y repítete a ti mismo lo absolutamente maravilloso que eres. No te critiques. Cuando hagas algo nuevo, no te recrimines porque no te salga bien al principio. Practica. Aprende qué es lo que funciona y lo que no funciona. La próxima vez que hagas algo nuevo o diferente, algo que apenas si estás aprendiendo, ponte de tu parte. No te digas qué fue lo que hiciste mal; elógiate por lo que hiciste bien. Recompénsate, levántate el ánimo, de manera que la próxima vez que lo hagas te sientas realmente bien por hacerlo. Cada vez te saldrá mejor, y mejor, y mejor. Y pronto tendrás una habilidad nueva.

Libérate del apego emocional

a las creencias del pasado

para que ahora

no puedan herirte.

Si vives plenamente en el momento,

el pasado no puede hacerte daño,

fuera el que fuese.

Estoy siempre a salvo

Cuando reprimes tus emociones o te guardas las cosas, creas desolación en tu interior. Ámate lo suficiente como para darte permiso para sentir tus emociones. Las adicciones, como el alcohol, enmascaran las emociones, y entonces *no* las sientes. Permite que tus sentimientos afloren a la superficie. Quizá tengas que elaborar muchas cosas viejas. Repite algunas afirmaciones que te permitan hacerlo con facilidad, cómodamente y sin conflictos. Afirma que te dispones a sentir tus verdaderas emociones y, lo más importante de todo, sigue diciéndote que estás a salvo.

Si trabajas en un lugar

lleno de amor, júbilo y alegría,

y donde te aprecian,

harás un trabajo excelente

y te esforzarás más.

Encontrarás que tienes

más talentos y capacidades

de lo que jamás

te habías imaginado.

Nuestra empresa
es una idea divina

Nuestra empresa es una idea Divina en la Mente Única, creada por el amor Divino y mantenida y sostenida por el amor. Cada empleado y empleada han sido atraídos por la acción del amor, porque aquí, en este punto del tiempo y del espacio, está su lugar por derecho Divino. La armonía Divina nos impregna a todos y todos juntos fluimos de manera constructiva y jubilosa. Lo que nos trajo a este preciso lugar es la acción del amor. La correcta acción Divina hace funcionar cada aspecto de nuestra empresa. La Inteligencia Divina crea nuestros productos y nuestros servicios. El amor Divino atrae hacia nosotros a aquellas personas que necesitan lo que tan amorosamente hacemos. Nos liberamos de todas las viejas pautas de crítica o de queja porque sabemos que es nuestra conciencia lo que crea nuestras circunstancias laborales. Sabemos y declaramos que es posible hacer que nuestra empresa funcione con éxito de acuerdo con los principios Divinos, y usamos amorosamente nuestras herramientas mentales para vivir y experimentar nuestra vida cada vez con mayor abundancia. Nos negamos a dejarnos limitar en modo alguno por el pensamiento humano. La Mente Divina es nuestro asesor, y tiene para nosotros planes que ni siquiera hemos soñado aún. Nuestra vida está llena de amor y de júbilo porque nuestra empresa es una idea Divina. Y así es.

Alégrate de

los éxitos ajenos,

porque hay en

abundancia

para todo el

mundo.

Nuestra empresa es próspera

Somos uno con la Mente Universal y por consiguiente toda sabiduría y todo conocimiento están a nuestro alcance aquí mismo, ahora mismo. Porque estamos Divinamente guiados, nuestra empresa prospera, se expande y crece. Decidimos ahora liberarnos de cualquier idea negativa que imponga un límite a nuestras ganancias. Abrimos nuestra conciencia a un salto de dimensiones cuánticas hacia la prosperidad, pensando y aceptando que enormes cantidades de dinero inundan nuestra cuenta corriente. Tenemos en abundancia para usar, para ahorrar y para compartir. La ley de la prosperidad mantiene en movimiento constante la circulación de dinero, paga nuestras facturas y nos brinda todo lo que necesitamos y más aún. Todos los que participamos en esta empresa prosperamos. Escogemos ahora ser ejemplos vivientes de la conciencia de prosperidad. Vivimos y trabajamos cómoda y serenamente, rodeados de belleza. Tenemos paz y seguridad interior. Con júbilo y gratitud contemplamos cómo nosotros y esta empresa crecemos y prosperamos continuamente, muchísimo más allá de nuestras expectativas. Bendecimos a esta empresa con amor. Y así es.

Hay demasiados productos

que se venden sobre la base de que

no somos lo bastante buenos ni aceptables

si no los usamos.

Los mensajes de limitación

nos llegan de muchas partes.

Lo que importa

no es lo que dicen los demás,

sino cómo reaccionamos

y lo que decidimos creer

sobre nosotros mismos.

Esta empresa es empresa de Dios

Estamos asociados con la Inteligencia Divina. No nos interesan los aspectos negativos del mundo externo de los negocios porque no tienen nada que ver con nosotros. Esperamos resultados positivos y recibimos resultados positivos. En el mundo de los negocios sólo atraemos hacia nosotros a quienes obran en el supremo nivel de integridad. Todo lo hacemos de la manera más positiva. Continuamente tenemos éxito en todos y cada uno de los proyectos que emprendemos. Todas aquellas personas con quienes hacemos cualquier tipo de negocios reciben también la bendición de la prosperidad y están encantadas de tener relación con nosotros. Constantemente agradecemos las oportunidades que se nos presentan de ayudar a este planeta y a todas las personas que viven en él. Nos interiorizamos para conectar con nuestra inteligencia superior, que nos conduce y nos guía hacia el supremo beneficio de todos los interesados. Nuestro equipo funciona a la perfección. Todos estamos sanos y somos felices. Todo está en armonía y fluye en el correcto orden divino. Todo está bien. Sabemos que esto es la verdad para nosotros. Y así es.

Siente la elasticidad

de tus pasos.

Fíjate en el resplandor

de tus ojos.

Ahí mismo está

tu yo radiante.

¡Reclámalo!

El enfado es

un mecanismo de defensa.

Si estás a la defensiva

es porque tienes miedo.

Estoy sana
y rebosante de energía

Sé y afirmo que mi cuerpo es un lugar acogedor donde vivir. Siento respeto por él y lo trato bien. Me conecto con la energía del Universo y dejo que fluya a través de mí. Mi energía es asombrosa. Soy un ser radiante, vital, ¡y estoy viva!

Renuncio al pasado y confío en el proceso de la vida

El enfado es algo normal y natural. Generalmente nos enfadamos una y otra vez por las mismas cosas, y sentimos que no tenemos derecho a expresarlo, de modo que nos lo tragamos. Entonces el enojo tiende a instalarse en una parte concreta de nuestro cuerpo, y se manifiesta como enfermedad. Durante años y años seguimos amontonando nuestro fastidio en ese mismo lugar. Para sanar, deja salir tus verdaderos sentimientos. Si no puedes expresárselos directamente a la persona que los provoca, mírate al espejo y habla con esa persona. Díselo todo: «Estoy fastidiado contigo»; «Tengo miedo»; «Estoy alterada»; «Me has hecho daño». Y sigue; sigue hasta que te hayas liberado de todo el enojo. Entonces haz una inspiración profunda, mírate en el espejo y pregunta: «¿Cuál es la pauta que provocó esto? ¿Qué puedo hacer para cambiar?» Si logras cambiar el sistema de creencias que desde adentro te crea ese comportamiento, no necesitarás seguir repitiéndolo.

Una de las peores cosas

que podemos hacer

es enfadarnos con nosotros mismos.

El enojo sólo sirve para

encerrarnos más rígidamente

dentro de nuestras pautas.

Soy libre de ser yo

No te tragues la cólera ni dejes que se te instale en el cuerpo. Cuando te alteres, concédete una descarga física. Hay varios métodos para liberar positivamente el enojo. Puedes gritar y vociferar en el coche, con las ventanillas bien cerradas. Puedes aporrear la cama o patear cojines. Puedes hacer ruidos y decir todo lo que quieras decir. Puedes gritar contra la almohada. Puedes correr o jugar un partido de tenis para ayudarte a liberar la energía. Ensáñate con la cama o con los cojines una vez por semana, aunque no sientas enfado, simplemente para aflojar esas tensiones físicas que vas almacenando en el cuerpo.

Si crees

que has hecho algo malo,

entonces

sin duda encontrarás la manera

de castigarte.

Me elevo por encima
de todas las limitaciones

Cada experiencia, incluso las que llamamos «errores», es un paso. Ámate por todos tus errores, que han sido muy valiosos para ti. Te han enseñado muchas cosas. De esta manera aprendes. Dispónte a dejar de castigarte por tus errores, y ámate por tu disposición a aprender y a crecer.

Date cuenta de que eres

conciencia pura.

No estás solo

ni perdido ni abandonado.

Eres uno

con la totalidad

de la Vida.

Eres espíritu puro

Mira en tu interior. Observa el núcleo de tu espacio interno, la parte de ti que es puro espíritu, pura luz, pura energía. Visualiza cómo todas tus limitaciones se van desprendiendo una a una, hasta que te sientas seguro, sano y entero. Has de saber que no importa lo que esté sucediendo en tu vida, no importa lo difíciles que puedan ser las cosas, en el centro mismo de tu ser estás a salvo, y estás entero. Tú siempre serás. Una vida tras otra, eres un espíritu de luz, una luz de belleza. A veces vienes a este planeta y cubres tu luz y la escondes. Pero la luz sigue estando ahí. A medida que te liberes de esas limitaciones y reconozcas la auténtica belleza de tu ser, brillarás cada vez más. Tú eres el amor, la energía, el espíritu. Eres el espíritu del amor que resplandece, luminoso. Deja que resplandezca tu luz.

Cuando oigas decir

que algo es incurable,

piensa que eso no es verdad.

Recuerda que existe

un Poder superior.

El Espíritu Infinito es eterno

El sol no cesa de brillar. Por más que las nubes lo oscurezcan durante un tiempo, el sol siempre brilla, jamás deja de brillar. Y aunque la tierra gire y parezca que el sol desciende, en realidad nunca deja de brillar. Lo mismo se puede decir del Poder Infinito, del Espíritu Infinito: es eterno. Está siempre ahí, dándonos su luz. Podemos oscurecer su presencia con las nubes de nuestro pensamiento negativo, pero ese Espíritu, ese Poder, esa energía sanadora, está siempre con nosotros.

Todas las respuestas

a todas las preguntas que hayas

de formular en tu vida

están aquí mismo,

dentro de ti.

Cada vez que dices: «No sé»,

le estás cerrando la puerta

a tu propia sabiduría.

Respiro amor y emano vida

¿Estás expandiéndote o contrayéndote? Cuando expandes tu pensamiento, tus creencias y todo lo que es tuyo, el amor fluye libremente. Cuando te contraes, eriges murallas y te aíslas. Si tienes miedo, sientes que algo te amenaza o crees que las cosas no andan bien, comienza a respirar. La respiración endereza la columna, abre el pecho y proporciona al corazón el lugar que necesita para expandirse. Al practicar la respiración bajas las barreras y comienzas a abrirte. Respirar es un comienzo. En vez de entregarte al pánico total, respira profundamente y pregúntate: «¿Qué es lo que quiero, contraerme o expandirme?».

Hoy es un nuevo día.

Empieza nuevamente a reclamar

y a crear

todo lo que es bueno.

Expreso mi verdadero ser

Me veo poseedora de una conciencia de unidad con la presencia y el poder de Dios. Me veo siempre consciente del poder de Dios dentro de mí como la fuente de todo aquello que deseo. Me veo rogando confiadamente a la Presencia que atienda a todas mis necesidades. Amo incondicionalmente a todas las expresiones de Dios, sabedora de la verdad de todo lo que existe. Ando por la vida en la feliz compañía de mi propio Ser divino y expreso jubilosamente la bondad que soy. Mi sabiduría y la comprensión de mi espíritu van en aumento, y cada día expreso con mayor plenitud la belleza y la fuerza interiores de mi verdadero ser. El orden divino está siempre presente en mi experiencia, y hay tiempo abundante para todo lo que decido hacer. En todos mis tratos con los demás expreso sabiduría, comprensión y amor, y mis palabras están guiadas por la Divinidad. Veo que mi conciencia de la abundancia espiritual se expresa como riqueza; riqueza que uso en bien de mi mundo. Me veo expresando en mi trabajo la energía creativa del Espíritu; pronunciando y escribiendo, fácilmente y con profundidad de entendimiento y sabiduría, palabras de verdad. Ideas originales y estimulantes brotan en mi conciencia en busca de expresión jubilosa, y yo las llevo adelante hasta su plena y cabal manifestación. Y así es.

Como ser humano,

es tu derecho

expresarte de maneras

que te satisfagan plenamente.

Si quieres que

tu familia te ame y te acepte,

entonces debes

amarlos y aceptarlos

tú a ellos.

Me expreso libremente
tal como soy

Soy ciertamente bienaventurada. Dispongo de maravillosas oportunidades de ser yo misma, de expresarme tal como realmente soy. Soy la belleza y el júbilo del Universo, que se expresa y que recibe. Me rodeo de la integridad y la justicia Divinas. Sé que se está produciendo la correcta acción Divina y que, sea cual fuere el resultado, es perfecto para mí y para todos aquellos a quienes afecte. Soy una con el mismísimo poder que me creó. Soy maravillosa. Me regocijo en la verdad de mi ser, lo acepto tal como es y sin cuestionarlo. Y digo: «así sea», y sé que todo está bien en mi maravilloso mundo aquí mismo y ahora mismo. Y así es.

Con amor bendigo a mi familia

No todo el mundo tiene la familia especial que yo tengo, ni dispone de las extraordinarias oportunidades que tenemos nosotros de abrirnos el corazón los unos a los otros. Nosotros no estamos limitados por lo que piensan los vecinos ni por los prejuicios de la sociedad. Somos mucho más que eso. Somos una familia que proviene del amor, y aceptamos con orgullo a cada uno de nuestros miembros, porque es único. Yo soy especial y digna de amor. Amo y acepto a cada miembro de mi maravillosa familia, y ellos a su vez me aman y me adoran. Estoy a salvo. Todo está bien en mi mundo.

El comportamiento

de los niños es un reflejo

del de los adultos.

Examina qué te impide amarte

y dispónte a liberarte

de ello.

Serás un maravilloso ejemplo

para tus hijos.

Me comunico abiertamente con mis hijos

Es de importancia vital mantener abiertas las líneas de comunicación con los hijos, especialmente durante la adolescencia. En general, lo que sucede cuando los niños empiezan a hablar de sus cosas es que se les repite una y otra vez: «No digas esto»; «No hagas lo otro»; «No te sientas de tal manera»; «No seas así»; «Esas cosas no se dicen»; «¡No, no, no, no!». Naturalmente los niños se cierran y dejan de comunicarse. Unos años después, cuando los padres empiezan a envejecer, se quejan: «Mis hijos nunca me llaman». ¿Por qué no llaman? Porque en alguna parte, en algún momento, se cortaron las líneas de comunicación.

Si quieres cambiar de casa,

da las gracias al hogar que tienes

por haberte cobijado.

Muéstrale aprecio y no digas:

«Me enferma este lugar»,

porque entonces

no podrás encontrar nada

que realmente te guste.

Ama el lugar donde estás,

para poder abrirte a otro

nuevo y maravilloso.

Mi hogar es un puerto de paz

Mira tu hogar. ¿Es un lugar donde realmente te encanta vivir? ¿Es cómodo y alegre, o está atestado y sucio, hecho siempre un desorden? Si no te sientes bien en él, nunca podrás disfrutarlo. Tu hogar es un reflejo de ti. ¿En qué estado lo tienes? Vete a limpiar y ordenar los armarios y la nevera. La ropa que hace mucho que no te pones, véndela, regálala o quémala. Libérate de lo viejo con el fin de hacer lugar para lo nuevo. Y mientras te desprendes de todo eso, piensa: «Estoy limpiando mis armarios mentales». Haz lo mismo con el contenido de la nevera. Tira las sobras y los restos que llevan allí algún tiempo. La gente que tiene en desorden los armarios y la nevera, también tiene en desorden la mente. Haz de tu hogar un lugar maravilloso para vivir.

Tus padres hicieron

lo mejor que podían hacer

con el entendimiento y la conciencia

que tenían.

No podían enseñarte nada

que ellos mismos no supieran.

Si tus padres

no se amaban a sí mismos,

no había manera de que te pudieran enseñar

cómo amarte.

Y ahora, creo mi futuro

No importa que tu infancia haya sido buena o mala: ahora, quien está a cargo de tu vida eres tú, y sólo tú. Puedes pasarte todo el tiempo culpando a tus padres o al ambiente de tu niñez, pero lo único que conseguirás con eso es continuar en el papel de víctima. Y así jamás conseguirás las cosas buenas que afirmas querer. Lo que piensas hoy da forma a tu futuro. Puedes crearte una vida de negatividad y sufrimiento, o un destino de júbilo ilimitado. ¿Qué es lo que prefieres?

El dinero es energía;

es un intercambio de servicios.

Es la materia y la forma.

No tiene ningún significado propio,

sólo el que le asignamos,

lo que creemos de él.

Podemos tener muchas ideas negativas

respecto del dinero,

pero en el fondo de esta actitud

está el hecho

de que no nos sentimos

merecedores.

Mis ingresos
van en constante aumento

La manera más rápida de aumentar tus ingresos es trabajar mentalmente en ello. ¿Qué puedes hacer para ayudarte? Puedes decidir si atraes o repeles el dinero y otras formas de prosperidad. Quejarse nunca sirve de nada. Tienes una cuenta corriente en el banco mental cósmico, y en ella puedes depositar afirmaciones positivas, creyendo que te lo mereces todo... o no. Afirma: «Mis ingresos aumentan constantemente. Merezco prosperar».

Si todavía hay algo

que sigues haciendo por hábito, pregúntate

para qué te sirve.

¿Qué es lo que ganas haciéndolo?

Si no lo hicieras,

¿qué sucedería?

Con frecuencia la gente responde

que su vida sería mejor.

¿Por qué crees tú que no mereces

tener una vida mejor?

Renuncio a la necesidad de llevar una vida como ésta

Nos creamos hábitos y pautas porque de alguna manera nos sirven. A veces, de este modo castigamos o amamos a alguien. Es sorprendente la cantidad de enfermedades que nos creamos porque queremos castigar o amar a uno de nuestros padres. «Voy a ser diabético como papá, porque le amo.» No suele ser una decisión consciente, pero si miramos en nuestro interior hallaremos la pauta. A menudo tomamos una actitud de negatividad porque no sabemos cómo manejar algún aspecto de la vida. Es necesario que nos preguntemos: «¿De qué me lamento?», «¿Con quién estoy enfadado?», «¿Qué trato de evitar?», «¿De qué me sirve esto?». Si no estamos dispuestos a desprendernos de algo —si realmente queremos aferrarnos a ello porque nos sirve—, por más que hagamos no conseguiremos liberarnos. Cuando estemos dispuestos a dejarlo ir, nos sorprenderá cómo desaparece sin que apenas nos hayamos esforzado.

No sólo tienes

creencias individuales;

también tienes

creencias familiares y sociales.

Las ideas

son contagiosas.

Sí, me lo merezco

Si dentro de ti hay alguna creencia que dice: «No debes tenerlo» o «No te lo mereces», piensa para tus adentros: «Estoy dispuesto a liberarme de esta creencia. No tengo por qué seguir creyendo esto». Te ruego que no te esfuerces; no es ningún trabajo. Simplemente, estás cambiando una idea. Naciste para disfrutar de la vida. Afirma que ahora estás dispuesto a abrirte a la abundancia y a la prosperidad que están a nuestro alcance en todas partes. Afírmalo mentalmente para ti, en este preciso momento y en este lugar: «Me merezco la prosperidad. Me merezco estar bien». Eso que acabas de declarar se ha cumplido ya en tu conciencia y ahora se manifiesta en tu experiencia. Y así es.

Haz una inspiración

bien profunda

y afloja toda resistencia.

Estoy dispuesto a liberarme de la necesidad de estar así

No importa cuánto tiempo hayas tenido en el subconsciente esas creencias negativas: ahora, afirma que estás libre de ellas. Afirma que ahora mismo te dispones a renunciar a las causas, a las pautas de tu conciencia que han creado condiciones negativas en tu vida. Afirma que ahora estás dispuesto a liberarte de la necesidad de estar así. Has de saber que todas esas condiciones negativas desaparecerán, se esfumarán, se disolverán en la nada de donde vinieron. Toda esa antigua basura ya no tiene influencia alguna sobre ti. ¡Eres libre! Y así es.

¿Con cuánta frecuencia te sumerges

en la basura mental de ayer

para crear tus experiencias de mañana?

Es necesario que periódicamente

hagas un poco de limpieza en tu casa mental

y vayas tirando esa vieja basura,

las cosas que ya no te sirven

o no te quedan bien.

Lo que ahora necesitas es desempolvar

las ideas positivas y buenas,

que te nutren,

y usarlas cada vez con mayor frecuencia.

Me libero del pasado
y confío en el proceso de la vida

Cierra la puerta de los recuerdos dolorosos, de las antiguas heridas y los viejos rencores. Escoge un incidente de tu pasado que te haya herido o perjudicado, algo que te sea difícil perdonar, y hasta evocar. Pregúntate: «¿Hasta cuándo seguiré aferrándome a eso? ¿Hasta cuándo quiero sufrir por algo que me sucedió en el pasado?». Ahora, imagínate que estás ante un río, y que agarras esa vieja experiencia, ese sufrimiento, ese dolor, ese resentimiento, y los echas al río. Mira cómo empiezan a disolverse y a irse corriente abajo hasta disiparse y desaparecer completamente. Tienes la capacidad de liberarte. Eres libre. Y así es.

Cuanto más odio hacia nosotros mismos

y culpa sintamos,

peor funcionará nuestra vida.

Cuanto menos odio hacia nosotros mismos

y culpa sintamos,

mejor funcionará nuestra vida,

en todos los niveles.

Soy libre

Soy espíritu puro, y luz, y energía. Me veo como un ser libre. Soy libre en mi mente. Soy libre en mis emociones. Soy libre en mis relaciones. Soy libre en mi cuerpo. Me siento libre en mi vida. Me permito conectarme con aquella parte de mí que es puro espíritu y totalmente libre. Me desprendo de todas las limitaciones y todos los miedos de mi mente humana. Ya no me siento inmovilizada. Cuando me conecto con ese espíritu que hay dentro de mí, con esa parte mía que es puro espíritu, me doy cuenta de que soy mucho más que mi personalidad, mucho más que mis problemas o mi mal-estar. Cuanto más me conecto con esa parte mía, más libre puedo ser en todos los ámbitos de mi vida. Puedo elegir ser esa parte de mi espíritu que es totalmente libre. Si puedo ser libre en un ámbito, puedo serlo en muchos. Estoy dispuesta a ser libre. La parte de mí que es espíritu puro sabe conducirme y guiarme de maneras muy beneficiosas para mí. Confío en mi parte espiritual y sé que estoy a salvo siendo libre. Soy libre en mi amor por mí misma, y dejo que ese amor fluya con toda la libertad posible. Ser libre no implica ningún peligro. Soy espíritu y soy libre, y así es.

Observa lo que estás pensando

en este momento.

¿Quieres que ese pensamiento

cree tu futuro?

¿Es negativo o positivo?

Obsérvalo.

Date cuenta.

Experimento la totalidad de las posibilidades que hay dentro de mí

¿Qué significa para ti la totalidad de las posibilidades? Piénsalo como algo sin límites, yendo más allá de todas las limitaciones que sueles imponerte. Deja que tu mente vaya más allá de lo que te parece posible. «No se puede hacer, no resultará, no es suficiente, hay un obstáculo en el camino.» ¿Con cuánta frecuencia te has valido de estas limitaciones, diciendo que por ser mujer no puedes hacer esto, o que por ser hombre no puedes hacer lo otro, o que no tienes la educación necesaria para tal o cual cosa? Te aferras a las limitaciones porque son importantes para ti. Pero las limitaciones te impiden expresar y experimentar la totalidad de las posibilidades. Cada vez que dices «no puedo», te estás limitando. ¿Estás dispuesto a ir más allá de tus creencias de hoy?

Si has sido siempre

una persona muy negativa,

que se autocritica y critica a todo el mundo,

y ve la vida con pesimismo,

entonces te llevará tiempo

empezar a cambiar de actitud

y volverte hacia el amor.

Es necesario que tengas paciencia

y no te enfades contigo

si no lo consigues sin demora.

Proclamo riqueza y plenitud para mi vida

Ahora decido apartarme de las creencias que me han limitado y me han privado de los beneficios que tanto deseo. Declaro que en estos momentos todos los pensamientos negativos que hay en mi conciencia se diluyen, se borran y desaparecen. Ahora mismo, mi conciencia se está llenando de pensamientos alegres, positivos y cariñosos que me proporcionan salud, riqueza y amorosas relaciones. Me libero de todas las pautas de pensamiento negativas que me hacen tener miedo (miedo de perder lo que poseo, miedo a la oscuridad, miedo de que me hagan daño, miedo a la pobreza, al dolor, a la soledad...), que me impulsan a abusar de mí misma, a sentir que no sirvo o no soy digna, a llenarme de cargas o de pérdidas, y a hacer cualquier otra tontería que pueda estar al acecho en algún oscuro rincón de mi conciencia. Ahora soy libre de permitir y aceptar que el bien se manifieste en mi vida, y proclamo para mí la riqueza y la plenitud de la vida en toda su profusa abundancia, el amor que fluye pródigo, la prosperidad abundante, la salud vital y vibrante, la creatividad siempre nueva y fresca y la paz que me rodea por todas partes. Todo esto me merezco y ahora estoy dispuesta a aceptarlo y a tenerlo de forma permanente. Soy co-creadora con la Única e Infinita Totalidad de la Vida, y por consiguiente todas las posibilidades se abren ante mí, y yo me alegro de que así sea. ¡Y así es!

No corras

desatinadamente

intentando sanar a todos

tus amigos.

Haz tu propio trabajo mental

y sánate a ti mismo.

Eso será más benéfico que ninguna otra cosa

para quienes te rodean.

Dejo que los demás sean ellos mismos

No podemos hacer que los demás cambien. Sólo podemos ofrecerles una atmósfera mental positiva donde tengan la posibilidad de cambiar si lo desean. No es posible hacer el trabajo por otra persona, ni tampoco imponérselo. Cada persona está aquí para aprender sus propias lecciones, y no le servirá de nada que se las demos resueltas, porque tiene que pasar personalmente por el proceso vital necesario para aprenderlas. Lo único que podemos hacer por los demás es amarlos y dejar que sean quienes son, saber que su verdad está dentro de ellos, y que cambiarán cuando quieran hacerlo.

Créate un buen grupo de apoyo,

especialmente

para cuando no quieras

hacer algo. Ellos te

ayudarán a crecer.

Tengo derecho a llevar la vida que quiera

¿Qué clase de relación te gustaría tener con tu madre? Dale la forma de un tratamiento afirmativo y dilo para ti. Entonces podrás decírselo a ella. Si aún dirige tu vida, no le hagas saber cómo te sientes. Tienes derecho a llevar la vida que quieras, tienes derecho a ser una persona adulta. Tal vez no sea fácil. Decide qué es lo que necesitas. Quizás ella no lo apruebe, pero no se lo recrimines. Dile qué es lo que tú necesitas y pregúntale: «¿Cómo podemos resolver esto?» Dile que quieres amarla, que deseas tener una relación maravillosa con ella, y que necesitas ser tú mismo.

Algunas de las cosas

que creemos

jamás fueron verdad.

Eran solamente

los miedos de otra persona.

Date la oportunidad

de examinar tus pensamientos,

y cambia

los que sean negativos.

Tú te lo mereces.

Me merezco el bien en mi vida

A veces, cuando nuestros mensajes interiores nos dicen que no nos está permitido ser felices, o cuando en nuestra vida creamos cosas buenas, pero sin cambiar nuestros mensajes negativos, hacemos algo para desbaratar nuestra felicidad. Cuando no nos creemos merecedores del bien, socavamos nuestros propios cimientos. Nos hacemos daño o tenemos problemas físicos, como una caída o un accidente. Es necesario que empecemos a pensar que nos merecemos todo lo bueno que tiene la vida para ofrecernos.

Cuando somos

muy pequeños, aprendemos

nuestros sistemas de creencias.

Y después

andamos por la vida

creándonos experiencias

que armonicen con lo que creemos.

A veces,
cuando nuestra vida es magnífica,
nos angustia la idea
de que pueda suceder algo malo
que nos lo quite todo.
Yo lo llamo «angustia gratuita».
Sentimos angustia cuando tenemos miedo
y no confiamos en nosotros mismos.
Limítate a reconocerla como la parte
que está acostumbrada
a que siempre te inquietes por algo;
dale las gracias por preocuparse
y deja que se vaya.

Me merezco la alegría

Muchos de vosotros creéis que os merecéis vivir en una atmósfera en la que reine la siguiente creencia: «No valgo lo suficiente». Empezad a hacer afirmaciones, decid que estáis dispuestos a ir más allá de donde llegaron vuestros padres y a trascender las limitaciones de vuestra infancia. Miraos en el espejo y decid: «Me merezco todo lo bueno, me merezco la prosperidad, me merezco la alegría, me merezco el amor». Abrid ampliamente los brazos y decid: «Estoy abierto y receptivo, soy maravilloso, me merezco todo lo bueno y lo acepto».

Estoy siempre totalmente a salvo

Recuerda que cuando piensas en algo que te da miedo, ese pensamiento está tratando de protegerte. ¿No es eso precisamente el miedo? Cuando te asustas, la adrenalina irrumpe en la sangre para protegerte del peligro. Dile al miedo: «Te agradezco que quieras ayudarme». Después, haz una afirmación referente a ese miedo en particular. Reconócelo y dale las gracias, pero no le concedas más importancia.

El trabajo que realizas

en ti mismo

no es un objetivo; es un proceso

que dura toda la vida.

Disfruta de él.

Estoy aquí en el momento adecuado

Todos viajamos interminablemente a través de la eternidad, y el tiempo que pasamos sobre este plano de acción sólo es un breve instante. Escogemos venir a este planeta para aprender lecciones y trabajar en nuestro crecimiento espiritual, y para expandir nuestra capacidad de amar. No hay un momento adecuado ni un momento inadecuado para llegar ni para irnos. Llegamos siempre en mitad de la película y nos vamos en mitad de la película. Nos vamos cuando hemos acabado nuestra tarea. Venimos para aprender a amarnos más y para compartir ese amor con todos los que nos rodean. Venimos a abrir nuestro corazón a un nivel mucho más profundo. Nuestra capacidad de amar es lo único que nos llevamos con nosotros al irnos. Si tuvieras que irte hoy, ¿cuánta te llevarías?

Cada uno de nosotros

decide encarnarse en este planeta

en un punto determinado

del espacio y del tiempo.

Hemos escogido venir aquí

para aprender

una lección concreta

que nos ayudará a avanzar por la senda

de nuestra evolución espiritual.

Deja que fluya a través de ti el espíritu del amor

Retrocede en el tiempo y evoca la mejor de las Navidades que hayas tenido jamás en tu infancia. Centra el recuerdo en la mente para poder observarlo con la mayor claridad. Recuerda lo que veías, lo que olías, los sabores y las texturas de las cosas, la gente que estaba contigo. Recuerda algunas de las cosas que hacías. Y si de niño nunca tuviste una Navidad maravillosa, invéntatela. Créala exactamente como te gustaría que fuese. Observa cómo se te abre el corazón al pensar en esa Navidad tan especial. Quizás una de las cosas más maravillosas de esa Navidad haya sido la presencia del amor. Deja que ahora el espíritu del amor fluya a través de ti. Da cabida en tu corazón a todas las personas que conoces y que amas. Envuélvelas en ese amor. Has de saber que en cualquier momento, y no sólo en Navidad, puedes llevar contigo ese sentimiento tan especial del amor y el espíritu navideños. Tú eres el amor. Tú eres el espíritu. Tú eres la luz, y eres la energía. Y así es.

A medida que descubras los antiguos

mensajes negativos

que hay dentro de ti, sé

dulce, bondadoso

y consolador con tu niño interior.

Piensa:

«Todos los cambios que llevo a cabo

son cómodos, fáciles

y divertidos».

Me amo totalmente en el ahora

El amor es el borrador más grande que hay, borra incluso las impresiones más profundas, porque el amor cala más hondo que nada. Si las impresiones de tu niñez fueron muy fuertes, y tú sigues diciendo que la culpa era de «ellos» y que no puedes cambiar, te quedarás atascado. Trabaja mucho con el espejo, ámate en el espejo, de la cabeza a los pies, vestido y desnudo. Mírate a los ojos y ámate, y ama al niño que llevas dentro.

Cada uno de nosotros está siempre

trabajando con el niño de tres años

que todos llevamos dentro. Lamentablemente,

nos pasamos la mayor parte del tiempo

gritándole, y después nos preguntamos

por qué será que nuestra vida

no funciona.

Con amor abrazo a mi niño interior

Cuida a tu niño interior. Es él quien está asustado. Es él quien sufre. Es él quien no sabe qué hacer. Ocúpate de tu niño. Abrázalo y ámalo y haz todo lo que puedas por satisfacer sus necesidades. No olvides hacerle saber que, suceda lo que suceda, tú estarás siempre a su lado. Nunca le volverás la espalda ni te escaparás de él. Siempre amarás a ese niño.

Observa

lo que pasa

en tu vida

y

reconoce que tú no eres

tus experiencias.

Observo lo que sucede dentro de mí

¿Qué necesitas hacer para llegar a ese lugar donde podrías ser la persona más feliz y más poderosa de tu mundo? Si ya has trabajado mucho en ti y entiendes que lo que piensas y dices sale de ti y que el Universo te responde y te lo devuelve, entonces obsérvate. Vigílate sin juzgarte ni criticarte. Éste es uno de los obstáculos más grandes que tienes que salvar: conseguir mirarte objetivamente y mirar del mismo modo todas las cosas que te rodean. Limítate a verte tal como eres, a ver las cosas tal como son, sin hacer ningún comentario. Sólo observa. A medida que aceptes tu propio espacio para adentrarte en él y empezar a observar cómo te sientes, cómo reaccionas y qué es lo que crees, obtendrás un espacio en donde estarás mucho más abierto.

Una rosa es siempre hermosa,

siempre perfecta

y siempre cambiante.

De la misma manera

somos nosotros,

siempre perfectos

en cualquier momento de la vida

y en cualquier lugar donde estemos.

Estoy en el lugar adecuado

Así como todas las estrellas y los planetas están en su órbita perfecta según el correcto orden Divino, también yo lo estoy. Los cielos están perfectamente ordenados y yo también. Quizá con mi limitado entendimiento humano no comprenda todo lo que sucede, pero sé que en el nivel cósmico estoy en el lugar adecuado, en el momento preciso, haciendo lo que tengo que hacer. Elijo tener pensamientos positivos. Esta experiencia presente es un paso hacia una conciencia nueva y una mayor gloria.

Pide ayuda.

Dile a la vida

lo que quieres

y deja que suceda.

Todo lo que necesito me llega en el orden temporal y espacial perfecto

Hacer afirmaciones, confeccionar listas de deseos, hacer visualizaciones, escribir un diario, son cosas a las que se puede comparar con ir a un restaurante. El camarero anota lo que pides y después pasa la nota a la cocina. Tú esperas sin preocuparte, porque das por sentado que la comida está en camino, y no preguntas cada dos segundos al camarero si ya está lista, ni cómo te la preparan, ni qué están haciendo allí dentro. Esperas tranquilamente porque sabes que ya te la servirán. Lo mismo pasa con lo que yo llamo la *cocina cósmica*. Pide lo que quieras en la *cocina cósmica* del Universo y sin duda te lo prepararán. Ya llegará, en el orden temporal y espacial perfecto.

¿Cómo tratas

a los ancianos?

Lo que hoy das es lo que

has de encontrar mañana

cuando envejezcas.

Siento
una afectuosa compasión
por mi padre

S i tienes cualquier «asunto» pendiente con tu padre, haz mentalmente una meditación y habla con él, para poder aclarar viejos problemas. Perdónale o perdónate. Dile que le amas. Sácate las telarañas de la mente para que puedas empezar a sentir que mereces lo mejor.

Cuando crecemos

tenemos tendencia a recrear

el ambiente emocional de nuestro

primer hogar.

Tendemos a recrear

la relación

que teníamos con nuestra madre

y nuestro padre, o la que ellos

tenían entre sí.

Yo tomo mis propias decisiones

Muchos de vosotros jugáis con vuestros padres al juego del poder. Los padres pueden tocar muchas teclas. Si queréis dejar de jugar a ese juego, vais a tener que dejar de jugarlo. Ya es hora de que crezcáis y decidáis qué es lo que queréis. Podéis comenzar por llamar a vuestros padres por su nombre de pila. Empezad a convertiros en dos adultos en vez de seguir siendo padre e hijo.

Estás a salvo

si miras hacia adentro.

Cada vez que mires

en la profundidad de tu interior,

encontrarás dentro de ti

tesoros de increíble belleza.

Estoy en el centro de la paz

El mundo exterior no me afecta. Yo estoy a cargo de mi propio ser. Resguardo mi mundo interior, porque es ahí donde creo. Hago todo lo necesario para mantener mi mundo interior en paz. La paz interior es esencial para mi salud y bienestar. Entro en mí y encuentro ese espacio donde todo es silencioso y sereno. Puedo verlo como un profundo estanque, callado y pacífico, rodeado por el verdor de la hierba y por árboles altos y silenciosos. Puedo sentirlo como nubes blancas y ondulantes en las que me recuesto para ser acariciada. Puedo oírlo como una música suave y deliciosa que me calma los sentidos. De cualquier manera que decida experimentar mi espacio interior, en él encuentro paz. En ese centro de paz estoy yo. Soy la pureza y la quietud del centro de mi proceso creativo. En paz creo, vivo, me muevo y experimento la vida. Porque me mantengo centrada en mi paz interior, tengo paz en mi mundo exterior. Aunque otras personas vivan en la discordia y el caos, eso a mí no me afecta, porque para mí misma proclamo la paz. Aun cuando pueda estar rodeada de locura, yo sigo estando calmada y en paz. El Universo es un lugar ordenado y tranquilo, y yo lo reflejo en cada momento de mi vida. Las estrellas y los planetas no necesitan preocuparse ni asustarse para mantener su órbita celeste. Tampoco el pensamiento caótico contribuye a que mi existencia sea pacífica. Escojo expresar tranquilidad, porque soy paz. Y así es.

Cuando en la vida nos sucede

algo bueno,

y lo negamos, diciendo:

«Pues no me lo creo»,

estamos, literalmente, rechazando

lo bueno.

Me apoyo en pensamientos positivos

Imagínate que los pensamientos son como gotas de agua. Cuando piensas una y otra vez la misma cosa, estás creando una increíble masa de agua. Primero tienes un charquito, después eso puede llegar a ser un estanque, y a medida que sigas pensando una y otra vez lo mismo, tendrás un lago, y finalmente, un océano. Si tus pensamientos son negativos, puedes ahogarte en el mar de tu propia negatividad; si son positivos, puedes flotar en el océano de la vida.

Si piensas

que eres una mala persona,

eso te produce un sentimiento

negativo.

Pero si no tienes ese pensamiento,

tampoco tendrás ese sentimiento.

Si cambias el pensamiento,

el sentimiento desaparecerá.

Ahora estoy dispuesta a ver únicamente mi magnificencia

Ahora decido eliminar de mi mente y de mi vida todos los pensamientos negativos, destructivos y amenazadores. Ya no escucho opiniones ni conversaciones perjudiciales. Hoy nadie puede dañarme porque me niego a creer que puedan hacerlo. Por más justificadas que parezcan, me niego a complacerme en emociones dañinas. Me elevo por encima de cualquier cosa que intente encolerizarme o asustarme. Los pensamientos destructivos no tienen poder sobre mí. La culpa no cambia el pasado. Pienso y digo solamente lo que quiero crear en mi vida. Soy más que capaz para todo lo que necesito hacer. Soy una con el poder que me creó. Estoy a salvo. Todo está bien en mi mundo.

Lo que más necesitamos aprender

es aquello a lo que más nos resistimos.

Si siempre dices:

«No puedo» o «No quiero»,

es probable que te estés refiriendo

a una lección que

es importante que aprendas.

Soy una persona maravillosa y me siento estupendamente

El trabajo de reprogramar tus creencias negativas es muy poderoso. Una buena manera de hacerlo es prepararte una cinta grabada con tu propia voz. Tu voz significa mucho para ti. Graba una cinta con tus afirmaciones y escúchala. Contendrá muchas cosas valiosas para ti. Si quieres una cinta que sea aún más poderosa, pídele a tu madre que la grabe. ¿Te imaginas lo que será irte a dormir escuchando cómo tu madre te dice que eres una persona maravillosa, lo mucho que te ama, lo orgullosa que está de ti y la seguridad que tiene de que puedes ser cualquier cosa que te propongas en este mundo?

El resentimiento,

la crítica, la culpa y el miedo

aparecen cuando culpamos a los demás

y no asumimos la responsabilidad de

nuestras propias experiencias.

Estoy motivado por el amor

Libérate de la amargura y el resentimiento que albergas dentro de ti. Afirma que estás totalmente dispuesto a perdonar libremente a todo el mundo. Si recuerdas a alguien que en cualquier momento de tu vida te haya herido de cualquier manera, bendice ahora con amor a esa persona y perdónala. Y despréndete de ese recuerdo. Nadie puede privarte de nada que por derecho sea tuyo. Lo que te pertenece siempre volverá a ti según el correcto orden Divino. Si algo no te es devuelto, es porque no tenía que serlo. Acéptalo en paz. Disolver el resentimiento es muy importante. Confía en ti. Estás a salvo. Estás motivado por el amor.

Nunca conseguimos ajustar cuentas.

La venganza no funciona,

porque lo que enviamos hacia afuera

vuelve a nosotros.

Alguien tiene que dejar

de devolver la pelota.

No hace falta saber

cómo perdonar.

Basta estar dispuesto a hacerlo.

Del cómo ya se ocupará

el Universo.

Me libero de todas las viejas heridas y me perdono

Cuando te aferras al pasado con amargura y cólera, y no te permites experimentar el presente, estás desperdiciando el día de hoy. Si te aferras durante largo tiempo a la amargura y al resentimiento, eso quiere decir que necesitas perdonarte a ti mismo, no a otra persona. Si te encariñas con tus viejas heridas, te castigas aquí y ahora. Muchas veces, estás prisionero de un resentimiento idealizado. ¿Quieres tener razón o quieres ser feliz? Perdónate, y deja de una vez de castigarte.

Perdono todas las experiencias pasadas

Cuando se menciona la palabra perdonar, ¿qué es lo primero que te viene a la cabeza? ¿Quién es la persona o cuál es la experiencia que sientes que jamás olvidarás, que nunca podrás perdonar? ¿Qué es lo que te mantiene atado al pasado? Cuando te niegas a perdonar, te aferras al pasado y así es imposible que vivas en el presente. Y sólo viviendo en el presente puedes crear tu futuro. Al perdonar te haces un regalo: te liberas del pasado, de las experiencias y las relaciones pasadas; te permites vivir en el presente. Cuando te perdonas y perdonas a los demás, eres efectivamente libre. El perdón siempre va acompañado de un tremendo sentimiento de libertad. Con frecuencia necesitarás perdonarte por soportar experiencias dolorosas y no amarte lo suficiente como para apartarte de ellas. Ámate, perdónate, perdona a los demás y vive en el momento. Mira cómo se van yendo la vieja amargura y el antiguo dolor si los dejas, y cómo se te abren de par en par las puertas del corazón. Cuando te diriges a los demás desde un espacio de amor, estás siempre a salvo. Perdona a todo el mundo. Perdónate. Perdona todas las experiencias pasadas. Eres libre.

La culpa

jamás hace que nadie

se sienta mejor,

ni cambia ninguna situación.

Deja de sentirte culpable

y permítete

salir de la prisión.

Me perdono
cualquier mal que haya hecho

Sois tantos los que vivís bajo una densa nube de culpa... Siempre os sentís mal. Según vosotros, no hacéis nada bien, y os pasáis la vida disculpándoos. No queréis perdonaros por algo que hicisteis en el pasado y manipuláis a los demás como antes os manipularon. Con la culpa no se resuelve nada. Si realmente en el pasado hicisteis algo de lo cual os arrepentís, ¡dejad de pensar en ello! Si podéis disculparos con la persona a quien dañásteis, hacedlo, y no repitáis el error. La culpa busca el castigo, y el castigo crea dolor. Perdonaos y perdonad. Salid de la prisión que vosotros mismos os habéis impuesto.

Si te amas y te apruebas,

si creas dentro de ti un espacio

de seguridad, si confías

en ti, te aceptas y sientes

que mereces lo mejor, puedes

ordenar tu mente,

atraer más relaciones

de amor y

conseguir un trabajo nuevo e incluso

que tu peso corporal

se normalice.

Éste es un día de plenitud

Cada momento de mi vida es perfecto, entero y completo. Con Dios nada queda jamás sin acabar. Soy una con el Poder Infinito, la Sabiduría Infinita, la Acción Infinita y la Infinita Unidad. Me despierto con un sentimiento de plenitud, sabiendo que todo lo que emprenda ese día lo completaré. Cada una de mis respiraciones es plena y completa. Cada escena que veo está completa en sí misma. Cada palabra que pronuncio es cabal y completa. Cada tarea que emprendo, o cada parte de esa tarea, queda completada a mi satisfacción. No estoy luchando sola en el yermo de la vida. Me libero de toda idea de lucha y de resistencia. Sé y afirmo que soy una con el Poder Infinito y que por eso mi camino se facilita y allana. Acepto la ayuda de los muchos amigos que siempre que lo necesito están dispuestos a conducirme y a guiarme. En mi vida y en mi trabajo, todo va ocupando su lugar fácilmente y sin esfuerzo. Las llamadas se reciben a su tiempo. Las cartas se reciben y se responden. Los proyectos se realizan. Los demás cooperan. Todo se da en su momento y según el perfecto orden Divino. Todo está completo y yo me siento bien. Éste es un buen día para completar cosas. Así lo proclamo. Mi mundo es poderoso, y lo que creo y declaro es cierto. Y así es.

Puedes pasarte la vida

aferrándote a las cosas que

te fueron mal, y quejándote de ellas

o diciendo que no sirves para nada,

o puedes, en cambio, pensar en

experiencias jubilosas.

Amarte a ti mismo

y tener pensamientos

alegres y felices

es el camino más rápido

hacia una vida maravillosa

que tú mismo puedes crearte.

Tengo un potencial ilimitado

En la Infinitud de la Vida, donde todos estamos, todo es perfecto, completo y entero. Nos regocijamos en el conocimiento de que somos uno con el Poder que nos creó. Este Poder ama a todas sus creaciones, y a nosotros también. Somos los hijos bienamados del Universo y todo nos ha sido dado. Somos la forma de vida más elevada que hay sobre este planeta y hemos sido equipados con todo lo que necesitamos para cada una de las experiencias que hemos de tener. Nuestra mente está siempre conectada con la Mente Única e Infinita, y por consiguiente todo conocimiento y toda sabiduría están a nuestro alcance si creemos que así es. Confiamos en nosotros mismos para crear solamente aquello que es para nuestro supremo bien y nuestra máxima alegría, y perfecto para el crecimiento y la evolución de nuestro espíritu. Amamos a ese ser que somos, y estamos particularmente encantados con la encarnación que hemos escogido para esta vida. Sabemos que en todo momento podemos dar nueva forma a nuestra personalidad e incluso a nuestro cuerpo, para expresar mejor nuestro máximo potencial, que no tiene límites. Sabemos que ante nosotros se extiende, en todos los terrenos, la totalidad de las posibilidades. Confiamos sin reservas en el Único Poder, y sabemos que todo está bien en nuestro mundo. ¡Así sea!

Empieza a escuchar

lo que dices. Si tus labios

pronuncian palabras negativas

o limitadoras,

cámbialas.

Hablo y pienso positivamente

Si conocieras el poder de tus palabras, tendrías más cuidado con lo que dices. Pronunciarías constantemente afirmaciones positivas. El Universo siempre responde con un «sí» a cualquier cosa que digas, no importa qué sea lo que decidas creer. Si escoges creer que no eres gran cosa, que la vida nunca será buena contigo y que jamás conseguirás nada de lo que quieres, el Universo te responderá, y será exactamente eso lo que tendrás. En el momento en que empieces a cambiar, en el momento en que estés dispuesto a traer el bien a tu vida, el Universo te responderá en consecuencia.

Yo puedo darte

montones de buenos consejos y

montones de ideas nuevas

y maravillosas,

pero el control lo tienes tú.

Tú

puedes aceptar o no

lo que yo te diga. El poder

lo tienes tú.

Constantemente recibo increíbles regalos

Aprende a aceptar la prosperidad en vez de convertirla en objeto de intercambio. Si un amigo te hace un regalo o te invita a comer, no tienes que corresponder inmediatamente a su atención. Deja que esa persona te agasaje y acéptalo con alegría y placer. Tal vez nunca le devuelvas la atención; tal vez le des algo a otra persona. Y si alguien te hace un regalo que no puedes o no quieres usar, dile: «Lo acepto con alegría, placer y gratitud», y dáselo a otra persona.

Todos somos maestros

y alumnos.

Pregúntate:

«¿Qué vine a aprender aquí,

y qué vine

a enseñar?»

Todas mis relaciones están envueltas en un círculo de amor

Envuelve a tus familiares, no importa si están vivos o no, en un círculo de amor. Incluye en él a tus amigos, a tu pareja, a todos tus seres queridos, a tus compañeros de trabajo, a las personas que forman parte de tu pasado, y a toda la gente a quien quisieras perdonar y no sabes cómo. Afirma que tienes relaciones maravillosamente armoniosas con todo el mundo, relaciones en las que reinan el afecto y el respeto mutuos. Has de saber que puedes vivir con dignidad, paz y júbilo. Deja que este círculo de amor envuelva a todo el planeta, y que tu corazón se abra para así tener dentro de ti un espacio de amor incondicional. Mereces amor. Eres maravilloso, eres poderoso, y te abres a todo lo bueno. Y así es.

Relájate y disfruta

de la vida.

Todo lo que necesitas saber

se te revela

en el lugar y el momento

perfectos.

Es muy cómodo

el papel de víctima,

porque así todo es siempre culpa

de otra persona.

Alguna vez tienes

que afirmarte sobre tus pies

y asumir la responsabilidad.

Estoy en paz

Hoy soy una persona nueva. Me relajo y libero mi pensamiento de toda sensación de apremio. No hay persona, lugar ni cosa que pueda irritarme o molestarme. Estoy en paz. Soy una persona libre que vive en un mundo que es un reflejo de mi propio amor y de mi entendimiento. No estoy en contra de nada. Estoy a favor de todo aquello que mejore la calidad de mi vida. Uso las palabras y las ideas como herramientas que pueden dar forma a mi futuro. A menudo expreso mi gratitud y mi reconocimiento, y busco cosas por las que pueda estar agradecida. Estoy relajada, y vivo una vida pacífica.

Tengo el poder de hacer cambios

Hay una diferencia entre responsabilidad y culpa. Cuando hablamos de responsabilidad, en realidad estamos hablando de *tener poder*. Cuando hablamos de culpa, estamos hablando de *obrar mal*. La responsabilidad es un don porque otorga el poder de hacer cambios. Lamentablemente, hay personas que optan por interpretarla como culpa, personas que generalmente, de una manera u otra, se sienten culpables de todo, porque así tienen otra forma de criticarse. Hay un nivel en el que ser víctima es maravilloso, porque entonces los responsables son los demás, y no nos corresponde a nosotros hacer cambios. No es mucho lo que podemos hacer por la gente que se siente culpable. O aceptan la información o no la aceptan. Deja que hagan lo que quieran. No es tuya la responsabilidad de que se sientan culpables.

En realidad

la meditación no es

más que silenciarte por dentro

para poder ponerte en contacto

con tu propia

sabiduría interior.

Yo sigo mi sabiduría interior

Tu punto de partida es ese punto maravilloso, el punto de amor de tu corazón. Manténte centrado y ámate tal como eres, y piensa que en realidad eres una Expresión Divina y Magnífica de la Vida. No importa lo que esté pasando *ahí afuera*; tú estás centrado. Tienes derecho a tus sentimientos. Tienes derecho a tus opiniones. Eres, nada más. Trabajas en amarte a ti mismo, en abrir tu corazón, en hacer lo que está bien para ti y en ponerte en contacto con tu voz interior. Tu sabiduría interior sabe qué respuestas son válidas para ti. Eso, a veces, puede asustarte, porque tal vez la respuesta que recibas desde adentro sea muy diferente de lo que tus amigos quieren que hagas. Sin embargo, interiormente tú sabes lo que está bien para ti. Y si sigues tu sabiduría interior, estarás en paz con tu propio ser. Date ánimos para tomar las decisiones que están bien para ti. Cuando dudes, pregúntate: «¿Esto nace del espacio de amor de mi corazón? Esta decisión, ¿es una muestra de amor por mí mismo? ¿Es la adecuada para mí en este momento?» La decisión que tomes, en algún otro momento —un día, una semana o un mes después— quizá ya no sea la correcta, y entonces puedes cambiarla. En cada momento pregúntate: «¿Esto está bien para mí?» Y respóndete: «Me amo a mí mismo y estoy tomando las decisiones adecuadas».

El cuerpo,

como todo lo demás

que hay en la vida, es un espejo

de tus creencias y pensamientos

más íntimos.

Cada célula responde

a cada uno de los pensamientos

que piensas

y a cada una de las palabras

que dices.

Escucho los mensajes
de mi cuerpo

En este mundo de cambio decido ser flexible en todos los campos. Estoy dispuesta a cambiarme a mí misma y a cambiar mis creencias para mejorar la calidad de mi vida y de mi mundo. Mi cuerpo me ama pese a lo mal que pueda tratarlo. Mi cuerpo se comunica conmigo, y yo ahora escucho sus mensajes. Le presto atención y hago las correcciones necesarias. Le doy lo que necesita en todos los niveles, para devolverle una salud óptima. Recurro a una fuerza interior que es mía cada vez que la necesito. Y así es.

Estar sano

es no fatigarse, tener

buen apetito, irse a

dormir y despertarse sin problemas,

tener buena memoria,

buen humor, precisión en

el pensamiento y la acción, ser

sincero, humilde, agradecido, y

amar.

¿Hasta qué punto

tú estás sano?

Mi cuerpo, mi mente y mi espíritu forman un equipo de curación

Tu cuerpo se comunica contigo en todo momento. ¿Qué haces tú cuando recibes un mensaje suyo, como puede ser un dolor? Por lo común, corres hacia el botiquín o la farmacia y te tomas una píldora. En realidad, de este modo le estás diciendo: «¡Cállate! No quiero oírte. ¡No me digas nada!» Eso no es amar a tu cuerpo. Cuando sientas algún dolor o te parezca que algo no anda bien, siéntate, cierra los ojos y pregúntate muy silenciosamente: «¿Qué es lo que necesito saber?» Durante unos minutos, permanece atento a la respuesta, que puede ser tan simple como «Ve a dormir un poco» o algo más compleja. Si quieres que tu cuerpo funcione bien durante mucho tiempo, es necesario que te integres al equipo de curación que forman tu cuerpo, tu mente y tu espíritu.

Si tenemos algún hábito compulsivo,

cualquiera que éste sea,

en vez de pensar

en lo terribles que somos, démonos cuenta

de que no lo tendríamos si en nuestra

conciencia

no hubiera la necesidad de tenerlo.

Estoy a salvo y seguro en mi mundo

El exceso de peso siempre ha significado protección. Cuando te sientes inseguro o asustado, te aíslas con esa protección. Te pasas la vida enfadado contigo mismo por ser gordo, y cuando comes te sientes culpable. El peso no tiene nada que ver con la comida. En tu vida está pasando algo que te hace sentir inseguro. Puedes pasarte veinte años peleando con la grasa, y seguirás siendo gordo porque no habrás abordado la verdadera causa. Haz a un lado el problema del peso y trabaja primero en el otro problema... en la pauta que expresa: «Necesito protección, me siento inseguro». No te enfades por tu exceso de peso; no olvides que las células responden a nuestras pautas mentales. Cuando tu necesidad de protección desaparezca, cuando empieces a sentirte seguro, la grasa se irá disolviendo por sí sola. Empieza a decir: «Yo solía tener problemas de peso», y empezarás a cambiar la pauta. Lo que hoy decidas pensar, irá creando tu nueva figura del mañana.

Generalmente, las personas

que huyen de sí mismas necesitan

algún tipo de adicción

para llenar

su espacio interior.

Estoy dispuesta a liberarme de mis miedos

Si tienes problemas de peso, puedes tener toda la fuerza de voluntad y toda la disciplina del mundo, y seguir toda clase de dietas; puedes ser realmente fuerte y pasarte meses sin comer un bocado más de lo que *deberías* comer. Lamentablemente, en el momento en que la fuerza de voluntad y la disciplina te fallen, el exceso de peso volverá, porque no te habrás ocupado del verdadero problema, sino sólo de su efecto externo. Con el peso, el verdadero problema es generalmente el miedo; fabricas grasa para protegerte. Puedes pasarte la vida entera peleándote con la grasa y sin llegar nunca al verdadero problema. Hasta puedes morirte creyendo que no has sido una persona válida porque no pudiste perder peso. Sin embargo, tu necesidad de seguridad podría satisfacerse de manera más positiva, y entonces el exceso de peso desaparecería por sí solo. Di: «Me dispongo a liberarme de la necesidad de tener problemas de peso. Me dispongo a liberarme del miedo. Me dispongo a liberarme de la necesidad de esta forma de protección. Estoy a salvo».

Nos creamos hábitos y problemas

para satisfacer una necesidad interior.

Cuando podamos encontrar

una manera positiva de satisfacer la necesidad,

podremos liberarnos

del problema.

Para cada problema
hay una solución

Para cada problema que creo hay una solución. Mi pensamiento humano no me limita, porque estoy conectada con la Sabiduría y el Conocimiento Universales. Provengo del espacio de amor del corazón y sé que el amor abre todas las puertas. Hay una Potencia siempre dispuesta que me ayuda a afrontar y resolver las crisis y los desafíos de mi vida. Sé que no hay problema que no haya sido sanado en algún lugar del mundo, y sé que lo mismo puede sucederme a mí. Me envuelvo en un capullo de amor y estoy a salvo. Todo está bien en mi mundo.

Los adultos

nos preocupamos tanto

por lo que pensarán los vecinos

que nos preguntamos:

«¿Me aprobarán?»

Cada persona, cada cosa,

es única y diferente,

y está destinada a ser así.

Si somos como las otras personas,

entonces no estamos expresando

aquello que nos hace especiales.

Soy un ser especial y único

Tú no eres tu padre, ni eres tu madre. No eres ninguno de tus familiares. No eres los maestros que tuviste en la escuela, ni las limitaciones de tus primeras enseñanzas religiosas. Eres *tú mismo*. Eres especial y único, tienes tus propios talentos y tus propias capacidades. Nadie puede hacer las cosas exactamente como tú las haces. No hay competición ni comparación posibles. Eres digno de tu propio amor y de tu propia aceptación. Eres un ser magnífico. Eres libre. Reconócelo como la nueva verdad sobre ti mismo. Y así es.

Para poder

reprogramar el subconsciente

es necesario relajar el cuerpo.

Libera la tensión.

Libera las emociones.

Alcanza un estado

de apertura y receptividad.

Tú siempre mandas

y siempre estás a salvo.

Mi vida es puro júbilo

Tu subconsciente no diferencia lo verdadero de lo falso, ni lo que está bien de lo que está mal. Nunca te arriesgues a decir cosas como: «Ay, qué estúpido soy», porque tu subconsciente se lo tomará al pie de la letra y después de que lleves algún tiempo diciéndolo, empezarás a sentir que lo eres, empezarás a creerte lo que dices. No te burles de ti mismo, ni te desapruebes, ni hagas comentarios despreciativos sobre la vida, porque nada de eso te servirá para crear experiencias positivas.

Utilizamos

el diez por ciento

de nuestro cerebro.

¿Para qué está el otro

noventa por ciento?

Piénsatelo.

¿Cuánto más podemos saber?

Me olvido de mis problemas y duermo profundamente

Las horas de sueño nos sirven para recuperarnos y dar por terminado el día. El cuerpo se repara y nos sentimos frescos y renovados. La mente se desliza hacia el sueño, que sabe cómo resolver los problemas del día. Nos preparamos para el nuevo día que nos espera. Lo mejor es que nos entreguemos al sueño con pensamientos positivos, que nos ayuden a crear un día nuevo y maravilloso y un futuro nuevo y maravilloso. Entonces, si en ti hay enojo o recriminaciones, libérate de ellos. Si hay resentimiento o miedo, libérate de ellos. Si hay celos o rabia, libérate de ellos. Si en los rincones de tu mente anida algo de culpa o una necesidad de castigo, libérate de ellas. Que en tu mente y en tu cuerpo no haya otra cosa que paz mientras te deslizas hacia el sueño.

Hay personas que están buscando

exactamente

lo que tú tienes para ofrecer,

y en el tablero de ajedrez de la vida

ellas y tú

vais a encontraros.

Me regocijo en mi trabajo

Mi tarea consiste en expresar a Dios, y en ella me regocijo. Doy las gracias por cada oportunidad de demostrar cómo opera a través de mí el poder de la Inteligencia Divina. Cada vez que se me presenta un reto sé que es una oportunidad que me ofrece Dios, que es mi patrón, y sosiego mi intelecto, me vuelvo hacia adentro y espero que en mi mente afloren palabras sanadoras. Acepto estas bienaventuradas revelaciones con regocijo, y sé que soy digna de mi justa remuneración por un trabajo bien hecho. A cambio de este trabajo estimulante, me veo abundantemente compensada. Mis compañeros —toda la humanidad— son cordiales, amables, alegres, entusiastas y poderosos trabajadores en el campo de la evolución y del cultivo espiritual, aunque quizás ellos mismos no se den cuenta, y los veo como expresiones perfectas de la Mente Única, que se aplican diligentemente a sus respectivas tareas. Al trabajar para este Jefe de Operaciones, invisible y sin embargo omnipresente, que es el Supremo Presidente del Consejo, sé que mi actividad creativa genera abundancia financiera porque el trabajo de expresar a Dios siempre se ve recompensado. Y así es.

Postergar las cosas

es otra forma

de resistencia.

Verdaderamente disfruto haciendo mi trabajo

¿Qué piensas de tu trabajo? ¿Lo consideras como una tarea pesada que *tienes* que hacer, o lo ves como algo que realmente te encanta hacer y lo disfrutas? Comienza a afirmar que lo que haces es muy satisfactorio para ti, que obtienes placer de tu trabajo. Mediante él te conectas con la creatividad del Universo y permites que fluya a través de ti de maneras que te gratifican. Afírmalo así cada vez que los pensamientos negativos referentes a tu trabajo empiecen a acosarte.

Todo lo que hay en nuestra vida

es un reflejo de nosotros mismos.

Cuando allí fuera

sucede algo que

no nos gusta,

tenemos que mirar hacia adentro

y preguntarnos:

«¿Cómo me lo he creado?

¿Qué hay dentro de mí que cree

que me merezco

esta experiencia?»

Tengo el espacio perfecto

Me veo a mí misma llena de gratitud y reconocimiento mientras me muevo por este lugar. Veo el espacio y el equipo perfectos para enviar y recibir correspondencia, los despachos perfectamente ordenados y dispuestos, un recinto del tamaño exacto para celebrar reuniones. Todo el equipo necesario está en su lugar y el personal lo forman personas armoniosas y dedicadas a su trabajo. Las oficinas son hermosas, y están ordenadas y tranquilas. Disfruto realizando un trabajo que ayuda al crecimiento de mi alma y a hacer más sano y armonioso nuestro mundo. Veo cómo seres receptivos y abiertos colaboran en las actividades que aquí se realizan. Estoy agradecida por la abundante financiación que permite que esta organización cumpla con la misión que tiene asignada. Y así es.

Si decides creer

que todo el mundo siempre te ayuda,

te encontrarás con que

en la vida,

dondequiera que estés, siempre

habrá alguien que te tienda

una mano.

Cada persona forma parte de la armoniosa totalidad

Cada uno de nosotros es una idea divina mediante la cual la Mente Única se expresa armoniosamente. Estamos juntos porque necesitamos aprender los unos de los otros. Hay un propósito en nuestro estar juntos. No hay necesidad de rebelarnos contra este propósito ni de culparnos mutuamente por lo que está sucediendo. No hay peligro en que trabajemos para amarnos a nosotros mismos y de este modo poder beneficiarnos y crecer. Optamos por trabajar juntos para traer armonía a la tarea que hoy nos ocupa y a todos los aspectos de nuestra vida. Todo lo que hacemos se basa en una única verdad: la verdad de nuestro ser y la verdad de la Vida. La correcta acción Divina nos guía en cada momento del día. Decimos la palabra justa en el momento justo y en todo momento llevamos a cabo la acción justa. Cada persona forma parte de la armoniosa totalidad. Hay una Divina fusión de energías mientras colaboramos jubilosamente, apoyándonos y alentándonos los unos a los otros de maneras gratificantes y productivas. Tenemos éxito en todos los aspectos de nuestro trabajo y de nuestra vida. Somos sanos, felices, cariñosos, alegres, respetuosos y productivos, y estamos en paz con nosotros mismos y entre nosotros. Con amor entregamos este tratamiento a la Mente Única que hace el trabajo y que se manifiesta en nuestra vida. Así sea, y así es. ¡Y está hecho!

Si vas a escuchar a la gente,

escucha a los triunfadores.

Escucha a las personas

que saben lo que

hacen y que demuestran

el valor de lo que hacen.

Soy ganador por naturaleza

A medida que aprendemos a amarnos nos volvemos poderosos. Nuestro amor por nosotros mismos nos hace dejar de ser víctimas y nos convierte en triunfadores. Nuestro amor por nosotros mismos atrae hacia nosotros experiencias maravillosas. Las personas que se sienten bien consigo mismas son naturalmente atractivas porque van envueltas en un aura que es simplemente maravillosa. Siempre salen vencedoras en la Vida. Podemos aprender a amarnos a nosotros mismos. Nosotros también podemos ser triunfadores.

Somos tan capaces de

destruir el planeta como

de sanarlo. Y esto

nos concierne a cada uno de nosotros,

individualmente.

Cada día

envía a todo el planeta

una energía de amor y curación.

En lo que hacemos con nuestra mente

está la diferencia.

Estoy conectada con toda vida

Yo soy espíritu, luz, energía, vibración, color y amor. Y soy muchas más cosas de lo que creo. Estoy conectada con cada persona del planeta y con la totalidad de la vida. Me veo así: sana, entera, viviendo en una sociedad en donde estoy a salvo siendo quien soy y amando a mi prójimo. No sólo me veo así a mí misma sino también a todos nosotros, porque este es un tiempo de curación y de integración. Y yo formo parte de la totalidad. Soy una con la totalidad de la vida. Y así·es.

Nos encontramos en el umbral

de una conciencia nueva que está

despertando

en todo el planeta.

¿Hasta qué punto

estás dispuesto a

expandir los horizontes

de tu pensamiento?

Soy una con toda la población del planeta

Yo no creo en dos poderes, el del bien y el del mal. Creo que hay Un Espíritu Infinito y que los seres humanos tenemos la oportunidad de usar de todas las maneras posibles la inteligencia, la sabiduría y los instrumentos que nos han sido concedidos. Cuando tú hablas de ellos, estás siempre hablando de nosotros, porque nosotros somos la gente, somos el pueblo, somos el gobierno, somos las iglesias y somos el planeta. El lugar para empezar a hacer cambios es precisamente éste donde estamos. Creo que es demasiado fácil decir: «Es el demonio», «Son ellos». ¡En realidad, somos siempre «nosotros»!

Hoy es un emocionante

día de tu vida.

Estás viviendo una maravillosa aventura,

y nunca volverás a pasar por esta misma

experiencia.

Viajo interminablemente a través de la eternidad

En la Infinitud de la Vida, donde estoy, todo es perfecto, entero y completo. El ciclo de la Vida también es perfecto, entero y completo. Hay un tiempo de empezar, un tiempo de crecer, un tiempo de ser, un tiempo de marchitarse o de desgastarse, y un tiempo de partir. Todo forma parte de la perfección de la Vida. Sentimos que es normal y natural, y aunque a veces nos entristece, aceptamos el ciclo y sus ritmos. Cuando somos testigos de un final brusco y súbito, en mitad del ciclo, quedamos deshechos y nos sentimos amenazados: alguien se murió demasiado joven, o quizás algo se rompió. A veces, pensamientos que crean dolor nos recuerdan nuestra mortalidad: que también para nosotros se acabará el ciclo. ¿Lo viviremos hasta el final, o también lo terminaremos demasiado pronto? La vida está siempre cambiando. No hay comienzo ni final, sino sólo un reciclar constante de la sustancia y la experiencia. La vida jamás se atasca, ni se inmoviliza ni se enrancia, porque cada momento es siempre nuevo y fresco. Cada final es un nuevo punto de partida.

Notas personales

Notas personales

Notas personales

Notas personales

Notas personales

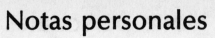

Notas personales

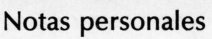

Notas personales

Notas personales

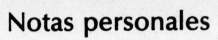

Notas personales